ERIKA LORENZ

Weg in die Weite

W0236187

ERIKA LORENZ

Weg in die Weite

Die drei Leben
der Teresa von Ávila

HERDER

FREIBURG · BASEL · WIEN

Teresa von Ávila beim Schreiben eines Buches.
Porträt von Diego Rodríguez de Silva y Velázquez (1599–1660).

Gott spricht:

O Seele, suche dich in mir,
und, Seele, suche mich in dir.

Die Liebe hat in meinem Wesen
dich abgebildet treu und klar;
kein Maler lässt so wunderbar,
o Seele, deine Züge lesen.
Hat doch die Liebe dich erkoren
als meines Herzens schönste Zier:
Bist du verirrt, bist du verloren,
o Seele, suche dich in mir.

In meines Herzens Tiefe trage
ich dein Porträt, so echt gemalt;
sähst du, wie es vor Leben strahlt,
verstummte jede bange Frage.
Und wenn dein Sehnen mich nicht findet,
dann such nicht dort und such nicht hier:
Gedenk, was dich im Tiefsten bindet,
und, Seele, suche mich in dir.

Du bist mein Haus und meine Bleibe,
bist meine Heimat für und für;
ich klopfe stets an deine Tür,
dass dich kein Trachten von mir treibe.
Und meinst du, ich sei fern von hier,
dann ruf mich, und du wirst erfassen,
dass ich dich keinen Schritt verlassen:
und, Seele, suche mich in dir.

Teresa von Ávila (P, 1334 f.)

INHALT

LEBENSLEISTUNG
GOTTGELENKTEN HANDELNS

ANHANG

ZUR EINSTIMMUNG

Teresa von Ávila interessiert heute weniger als Ordensreformerin als vielmehr als Kirchenlehrerin mystischer Erfahrung. Ihre Schriften gehören aber auch in die Literaturgeschichte. Der sprachliche Ausdruck inneren Erlebens zeigt ein Jahrtausendtalent. Ihrem Schrifttum gegenüber ist es jedoch oft zu Kurzschlüssen gekommen. Denn ihre ruhmreiche Autobiographie, die erste abendländische von literarischem Wert seit dem heiligen Augustinus, wird immer wieder so verstanden, als habe man darin schon das gültige Heiligenleben.

Sieht man auf Daten und Fakten, so entstand dieses Werk als Rechtfertigung gegenüber den Beichtvätern wegen der ersten »mystischen« Erfahrungen zwischen 1555 und 1560. Zunächst klagte sie über die Schwierigkeit, Worte zur Darstellung des Erlebten zu finden. Endlich aber, 1562, während ruhiger Wochen im Hause einer verwitweten Freundin, kam die schriftliche Darstellung in Schwung! Teresa konnte noch den Bericht ihrer ersten Klostergründung anfügen und schildern, welche inneren Erfahrungen sie dann in der Stille des neuen Klosters machte: damit ist diese »Vida« beendet. In der überlieferten Fassung geschrieben 1562/63 im Alter von 48 Jahren, zuletzt noch einmal überarbeitet bis 1565.

Das schiene schon fast ein ganzes Leben, wäre nicht Teresa eine Spätentwicklerin. Ihr Wirken als heilige Teresa, ihr Planen und Organisieren als unermüdlich reisende Klostergründerin, begann erst mit dem Abschluss der Autobiographie. Dazu die revolutionär neuen Anleitungen zum persönlich-kontemplativen Beten. Sie hat sie drei Mal geschrieben, jedes Mal auf einer neuen Stufe des Lebens und der inneren Erfahrung. Zunächst in der »Autobiographie«, dann immer ausführlicher, differenzierter und von sich selbst distanzierter im »Weg der Vollkommenheit« und in der »Inneren Burg«. Diese drei Schriften bilden das Gerüst der folgenden Darlegungen.

Wenn man also Teresa von Ávila einzig mit ihrer Autobiographie identifiziert, tut man ihr Unrecht, denn man erkennt nur die Anfänge in ihrer Schwierigkeit und wird zu einseitiger Bewertung verführt. Mir geht es um die ganze Teresa, um die Erkenntnis, dass sich in jedem ihrer drei genannten Werke eine neue Weise christlicher Persönlichkeitsentfaltung überzeugend offenbart. In der jungen, der mittleren und der alten Teresa mit ihren Wandlungen können wir aber auch den bleibenden Personkern entdecken, der im Laufe ihres spirituellen Werdens immer heller erstrahlt.

Das Wort »Erfahrung« durchzieht ihre Schriften wie ein roter Faden, das macht Teresa zu einem Menschen der Neuzeit. Sie sagt: »Ohne Erfahrung würde ich nicht wagen, hiervon zu sprechen.« (V 18,8) Ja, sie meint gegenüber ihrem dominikanischen Beichtvater Ibáñez, was ihm die Gelehrsamkeit, sei ihr die innere Erfahrung. Diese bedeutet ihr nicht nur etwas Subjektives, sondern ein für alle Christen wesentliches Gottesgeschenk. Setzt doch damit die Wandlung zur Gottfähigkeit ein, Basis für ein auch mitmenschlich fruchtbares Leben in der Weite von Zeit und Ewigkeit.

Der praktische Lebenshintergrund ist unter dem Titel »Lebensleistung gottgelenkten Handelns« zu erschließen, eine Biographie, die meinem einstigen Teresa-Bildband von 1994 mit geringen Kürzungen entnommen ist. Und zum schnellen Überblick ist am Ende eine Chronologie angefügt.

Hamburg, im Oktober 2002

Erika Lorenz

LEBENSPHASEN
MYSTISCHER ERFAHRUNG

VERSENKUNG

Das Überraschende an dieser Kirchenlehrerin der Mystik ist die lange Zeit, die sie brauchte, bis sie mit dem inneren Gebet zurechtkam. Sie schrieb:»Ich wusste weder, wie ich es mit dem Gebet machen, noch, wie ich mich sammeln sollte« (V 4,7).

Das hing wohl weniger mit den Unvollkommenheiten des 1535 gewählten Klosters zusammen, des »Menschwerdungsklosters«[1] der Karmelitinnen in Ávila, als vielmehr mit Teresas eigenem inneren Anspruch. Denn auch ihre Mitschwestern wussten es nicht besser, stießen sich aber nicht daran. Es war ein großes, relativ luxuriöses Kloster ohne feste Klausur, mit gutem Willen und viel Unruhe. Teresa lebte darin 18 Jahre scheinbar zufrieden vor sich hin. War doch ihr Grund für den Eintritt, wie sie selber angibt, nicht große Gottesliebe gewesen, sondern Höllenangst, verbunden mit der Furcht vor einer aufgezwungenen Ehe ohne Liebe und einem geistlosen Leben, das ihrer Natur nicht entsprach.

Dennoch spürte sie bald, dass sie im Kloster nicht gefunden hatte, was sie suchte. Wenn man will, könnte man ihre schweren Krankheitsschübe aus den Jahren 1538–42 damit in Zusammenhang bringen, wenn auch wohl konkret die Erreger einer Brucellosis die Ursache waren. Der Vater reiste 1538 mit ihr zu einer »Heilerin« in Becedas, die ihr schadete. Unterwegs besuchten sie Teresas Onkel Pedro in Hortigosa bei Ávila, jüdischer Konvertitensohn wie der Vater. Pedro war asketisch und belesen, später sollte er in den Hieronymus-Orden eintreten, den einzigen spanischen Orden, der vor Teresas Reform Konvertiten aufnahm. Sie selbst hatte im Menschwerdungskloster wie so oft ihre Herkunft verschweigen müssen.

Der dornige Weg zum Gebet

Der Onkel war an den kontemplativen Zeitströmungen interessiert. Gerade in Konvertitenkreisen spielten diese eine große Rolle. Denn die »Conversos« (nicht immer freiwillige jüdische Konvertiten), die man leider auch die »marranos« (Schweine) nannte, suchten in ihrem Außenseitertum eine religiös befriedigende Verinnerlichung. Der lesefreudigen Teresa schenkte Pedro zum Abschied ein Buch, das sie bei ihrem Besuch fasziniert hatte und das bestimmend für ihr ganzes weiteres Leben werden sollte.

Es war das »Dritte geistliche Abecedarium« des Francisco de Osuna, eines Franziskaners, der mit diesem Werk einen Bestseller des 16. Jahrhunderts publiziert hatte[2]. Der langweilige Titel besagt, dass der Autor schon mehr Bücher verschiedener, aber immer religiöser Thematik geschrieben hatte, deren Inhaltsverzeichnis einer Mode folgte: Man brachte die Überschriften in Versform und ordnete sie alphabetisch an – was der Struktur des Buches nicht immer gut tat.

Aber in diesem Falle machte das nichts. Teresa hatte die »Offenbarung« gefunden, nach der sie bewusst und unbewusst von jeher suchte: konkrete Anleitung zum kontemplativen Beten, worunter man eine wortlose mystische Gebetserfahrung verstand. Eine übergegenständliche Meditation, wie wir heute sagen würden, in der nicht nur Worte, sondern auch Gedanken einer schweigenden Öffnung Platz machen, in der Gott sich zu erkennen geben kann.

Der Autor Osuna ging dabei aus von der Tradition der Mystischen Theologie, wie sie durch Dionysios Areopagita (um 600) ins Abendland gekommen war. Osuna, dessen wirklichen Namen wir nicht kennen, da er sich nach seinem andalusischen Herkunftsort nennt, sieht in der mystischen Theologie eine Art Geheimwissenschaft, die er erstmalig bekannt machen will. Alle sollen das mystische Gebet erlernen können, sogar »ungebildete Laien und Weiblein«. Ebenso ist es Eheleuten zugänglich zu machen, denn »der heilige Ehestand ist auch ein Orden, und nicht von Dominikus oder Franziskus oder Petrus gegründet, sondern von Gott selbst«[3].

Es gibt nach Osuna zwei Arten von Theologie, die theoretische und die verborgene oder mystische. Letztere erreicht ihr Ziel nicht durch Überlegen und Argumentieren, sondern durch hingebende Liebe und Übung in den geistlichen Tugenden. So kann dieser »Weg des Nichtwissens« praktisch eben doch gegangen werden, weil Gott dabei die Führung übernimmt und von Zeit zu Zeit das Dunkel erleuchtet.

Das Nichtwissen ist ein anderer Ausdruck für die der mystischen Theologie zugrunde liegende »negative Theologie«, die Gott als unbegreifliches Geheimnis erkennt und letztlich vor unpassenden Begrenzungen bewahrt, wie sie dem menschlichen Vorwitz entspringen.

Der heilige Dionysios führte seine »mystische Theologie« mit folgenden an einen Freund gerichteten Worten ein: »Du, mein Freund Timotheus, wenn du dich eifrig mit der mystischen Schau beschäftigst, dann lasse die Wahrnehmungen und die geistigen Kräfte hinter dir zurück, ja, überhaupt alles, was wahrgenommen und gedacht wird, und alles, was ist und nicht ist. Und brich auf nicht erkennende Weise auf zur Einswerdung mit dem, was mehr ist als Sein und Erkenntnis«[4].

Aus dieser Weisheit erwuchs das Lebenswerk eines Johannes vom Kreuz, eines Francisco de Osuna, einer Teresa von Ávila. Aber auch die östliche Weisheit ist nicht fern. Immer wieder sucht und findet der religiöse Mensch eine schweigende Erfahrung über allen Erfahrungen, sei es im christlich-orthodoxen Hesychasmus der Kirchenväterzeit, sei es in der schiitischen Sufimystik oder, als ältestes Zeugnis, in der vedischen Lehre der Upanishaden:

»Höher als die Sinne ist das Denken,
höher als das Denken ist die Wirklichkeit,
jenseits der Wirklichkeit ist der große Atman,
höher als der Große ist das höchste Ungeschaffene«[5].

Es handelt sich um ein menschliches Grundvermögen. Dionysios Areopagita deutet so die Berufung des Mose im Buche Exodus: »Und dann löst Mose sich von Sehen und Gesehenwerden und geht hinein in das wahrhaft mystische Dunkel des Nichtwissens. Dort legt er feierlich alles erkenntnismäßige Erfassen ab und gelangt in das gänzlich Unberührbare und Unsichtbare. Er ist ganz jenseits von allem. Dort ist Ruhe von jeder Erkenntnis – sei es über sich selbst oder irgendetwas anderes – durch vollkommenes Nichtwissen. Geeint mit dem Höchsten durch Nichterkennen, erkennt er nun in einer Weise, die über alles Erkennen hinausgeht. Wo Sehen und Erkennen aufhört, dort beginnt Gottes Gegenwart«[6].

Francisco de Osuna, der Buch-Lehrer der Teresa von Ávila, macht aus dem Nichtwissen ein Nichtdenken, »no pensar nada«. Es ist ein Schlagwort seiner Zeit, das vor allem die »Alumbrados« brauchen. Diese spanischen Erleuchteten oder Illuminaten, unter denen viele jüdische Konvertiten waren, hielten sich für erleuchtet, weil sie – wie später die Quietisten – alle Eigentätigkeit einstellten. So meinten sie sich Gott ganz zu überlassen, auf dass er in ihnen wirke. Aber wie in allen religiösen Volksbewegungen drohte hier die Gefahr der Bequemlichkeit, des Lässigen statt des Gelassenen, des Gelassenen statt der Ergebenheit. Ja, man ging so weit zu meinen, man dürfe ruhig in Sünde leben, Gott werde alles schon richten.

Man hielt diese Bewegung auch für einen Krypto-Judaismus, nicht nur wegen der Conversos, sondern auch, weil die Sakramente als überflüssig galten und damit die Kirche aus dem Bewusstsein entschwand. Es ergab sich mit der Zeit, dass man unterschied zwischen den guten Alumbrados, den »recogidos« (Hingegebenen)[7], und den bösen, den »dejados« (sich Lassenden). Es war gefährlich, als Alumbrado angeklagt zu werden. Ein Ignatius von Loyola erlebte es, und auch Teresa musste sich wehren. Von Osuna kamen Schriften auf den Index, nicht aber das »Dritte geistliche Abecedarium«. Das lag wohl an der Rolle, die Gottes- und Christusliebe zusammen mit dem Glauben darin spielen. Teresas Lehrer möge hier selbst das Wesentliche sagen:

»Die Erfahrenen wissen, dass es einen Unterschied macht, ob man sich um Erkenntnis bemüht oder ob man liebt. Und wenn wir auch nicht lieben können, was wir nicht verstehen, genügt es doch, dass wir Gott über Jahre im Glauben begegnen, um recht überzeugt zu sein, dass er allein würdig ist, um seiner selbst willen geliebt zu werden. Darum ziehen wir uns in unser Herz zurück, wo wir gesammelt ihn anwesend fühlen und lieben können. Wir denken ja auch in der Gegenwart eines Freundes nicht darüber nach, wie wir ihn lieben. Dieses Denken kommt erst hinterher.

Sobald der Verstand aufhört sich zu bemühen, tritt mit großer Macht das Wollen und Fühlen hervor und erzeugt Liebe. Wenn also der Betende sich ganz in die Gegenwart Gottes versetzt, wird er es nicht nötig haben, nach Gründen zu suchen, um den zu lieben, der selbst ganz Liebe ist. Du siehst also, dass dieses Nichtdenken mehr ist, als es zunächst scheint, und dass man es im Grunde nicht erklären kann, weil auch Gott, an dem es sich ausrichtet, unerklärbar ist. Ich möchte sogar sagen, dass dieses Nichtdenken ein Allesdenken ist, denn wir denken so ohne Gedankenablauf an den, der alles ist durch seine wundersame Herrlichkeit.

Und schon die geringste Wirkung dieses Nichtdenkens der Kontemplativen ist ein ebenso einfaches wie feines Aufmerken auf Gott allein. [...] So ist denn schließlich dieses Nichtdenken, so schlicht es auch sein mag, ein Sich-Gott-zur-Verfügung-Stellen des Menschen, der sich löst und befreit, um mit seinem Herzen zu Gott aufzufliegen, der es ganz und ungeteilt möchte«[8].

Das waren nun Worte ganz nach dem Herzen der Teresa von Ávila! War sie doch von ihrer Natur her sowohl Gott wie den Menschen zugewandt. Wenn ihr auch der Gedanke »Gott« oft ein wenig nebulös oder gar Furcht erweckend schien, pflegte sie doch zunehmend eine ihr ganz natürliche innere Freundschaft mit Jesus Christus. Er war ihr in Gebet und Meditation der Freund, der sie liebte, der ihr nah war und mit dem sie alles besprechen konnte. In ihrem Wesen lag ohnehin eine ganz besondere Begabung zur Freundschaft. Diese tragende Verbindung wurde aber von den Gepflogenheiten des Menschwerdungsklosters immer wieder gestört. Man hatte dort die Anleitung im »Exercitatorio« des Benediktiners García de Cisneros, der ersten spanischen Gebetsschule aus dem Jahre 1500, übersystematisiert. So verlangte man ein nachsinnendes Beten nach dem Wochenschema: »montags Sünde, dienstags Tod, mittwochs Hölle, donnerstags Gericht, freitags Passion Christi, samstags Unsere Liebe Frau, sonntags die Herrlichkeit des ewigen Lebens.« Nach dem Aufatmen am Wochenende begann es dann wieder: »montags Sünde, dienstags Tod ...«[9]

Nach so viel Beklemmung war es wundervoll, dass Teresa unter der Anleitung Osunas in der Kontemplation überhaupt nichts mehr denken musste, ja, nicht einmal durfte! Weil dem allen die Gottesauffassung der »negativen« Theologie des Pseudo-Dionysios zugrunde lag: »Allein im Nichterkennen dessen, *was* er ist, kann erkannt werden, *dass* er ist«[10].

Da war Weite, da war Freiheit. Teresa war über das Buch des Osuna so froh, dass sie ihm nach allen Kräften folgen wollte, es, da ihr ein Meister fehlte, nun dazu machte (vgl. V 4,7 ff.). Sie erfährt innerlich ganz Neues, das sie später für ihre Beichtväter beschreibt:

> »Mit dem Gebet geht es mir jetzt so: nur selten kann ich noch schlussfolgernd denken, denn die Seele konzentriert sich ganz nach innen und bleibt in solcher Ruhe und Versenkung, dass sie keinen Gebrauch mehr von ihren Sinnen und Fähigkeiten machen kann. Einzig das Hören ist ihr noch möglich, aber auch dabei versteht sie nichts.« (R 1,1 – vermutlich 1560)

Versenkung – das ist eine ganz neue, faszinierende Erfahrung. Sie kann geradezu süchtig machen. Man möchte, so erfährt es Teresa, einfach nur immer darin verweilen:

»Diese Ruhe und Einkehr der Seele ist etwas, das man sehr deutlich spürt durch den Frieden, der sie so beglückend und sanft erfüllt, dass ihre Kräfte zur Ruhe kommen. Es scheint ihr – weil sie Höheres noch nicht erfuhr –, dass ihr nun nichts mehr zu wünschen übrig bleibt und dass sie gern mit dem heiligen Petrus sagen würde, hier lasst uns Hütten bauen! Sie wagt weder sich zu rühren noch sich zu bewegen, damit ihr das hohe Gut nicht zwischen den Händen zerrinne. Und manchmal möchte sie nicht einmal mehr Atem holen. Die Ärmste versteht nicht, dass sie, da sie diesen beglückenden Zustand nicht selbst herbeiführen konnte, ihn erst recht nicht festhalten kann, wenn der Herr es nicht wünscht.« (V 15,1)

Die Erfahrung macht schon deshalb den Eindruck des Übernatürlichen, als sie den drei üblichen menschlichen Fähigkeiten des Wachens, Schlafens und Träumens noch eine vierte hinzufügt. Eine ruhevolle Wachheit, die auch andere Religionen als vierten Bewusstseinszustand kennen. Man nennt es dann etwa Samadhi, Sanmai, Satori, Kosmisches Bewusstsein oder ähnlich.

In dieses ungewöhnliche Bewusstsein, das der Psychologe Carl Albrecht in seinen Arbeiten zur mystischen Psychologie das »Versunkenheitsbewusstsein« nennt, können Wahrnehmungen nicht alltäglicher Art eindringen[11] – Visionen zum Beispiel oder Auditionen. Das wird bei Teresa später in hohem Maße der Fall sein. Es ist also nicht so, dass man mit Osuna oder der Mystischen Theologie in eine absolute Leere gerät. Dieses vom Wahrnehmen, Denken und Sichvorstellen Geleertsein ist die Voraussetzung, damit aus einer überbewussten oder unbewussten, kurz: außerbewussten Realität etwas eindringen kann, vielleicht sogar muss. Albrecht jedenfalls erklärt: Wo in der Versenkung das Versunkenheitsbewusstsein hergestellt wurde, »ist auch die Funktion der Innenschau in einer notwendigen Zuordnung als vorhanden zu denken«[12]. Das heißt, in dieser Innenschau erscheint etwas in seiner Ganzheitlichkeit Unerkennbares, das durch die Erlebnisqualität des Erfahrenden zu einem »Umfassenden« wird. Es hat nichts mit trügerischen Projektionen in die Außenwelt zu tun und wird im Zustand der Versunkenheit, dessen Überklarheit Albrecht hervorhebt, als auf alle vergangenen, gegenwärtigen und zukünftigen Erlebnisgehalte in unsagbarer Weise bezogen empfunden[13].

Diese heutige Psychologie wird bestätigt von den Aussagen der in ihrem Erleben tief erschütterten Teresa. Es ist nicht verwunderlich, dass man sich angesichts ihrer ungewöhnlichen Erfahrungen immer wieder fragte: Kommt da Gott oder der Teufel? Mit dieser Frage wurde Teresa das Leben so schwer gemacht, dass sie sich schließlich in die schriftlichen Berichte rettete, aus denen die Biographie entstand.

Zunächst jedoch stößt die junge Karmelitin auf eine neue Schwierigkeit, die sich bald als schlimmer erweisen wird als »montags Sünde, dienstags Tod«: Die für ihr Wesen und Leben so entscheidende Christusbindung droht verloren zu gehen, genauer: die Menschheit Christi scheint der Notwendigkeit des Abschaltens von Gedanken und bewussten inneren Bildern entgegenzustehen. Die Vertreter des »Nichtdenkens« finden das nicht weiter schlimm, ist doch die kontemplative Versenkung von kurzer Dauer, höchstens eine halbe Stunde. Dabei bleibt die Gottheit Christi zugegen, selbst wenn die Menschheit zu verschwinden scheint. Osuna drückt das noch tröstlicher aus. Er verweist auf die Muttergottes, die durch das Kind doch niemals von ihrer Gottzuwendung abgelenkt wurde[14]. Und er erinnert an die Leiter des Augustinus, die von der Erkenntnis der Geschöpfe bis hinauf zur Erkenntnis Gottes führt, eine Himmelsleiter also. Allerdings nur für den, der sie zu ersteigen versteht.

Teresa, die in den neuen Gebetsschwierigkeiten wieder erkrankt, sieht es anders, radikaler, denn hier fühlt sich ihre Liebe bedroht:

> »Wenn der Wille nicht weiß, worauf er sich stützen soll, und die Liebe keinen Gegenstand hat, bleibt die Seele ohne Stütze und Betätigung. Dadurch gerät sie in leidvolle Trockenheit, während die Gedanken ihr wahre Schlachten liefern.«[15]

Sie gelangt zu der Erkenntnis, nur Gott könne uns die leibhafte Vergegenwärtigung Jesu Christi nehmen, freiwillig dürften wir nicht davon lassen (vgl. V 22,9).

Der Konflikt wurde für Teresa so groß, dass sie das innere Gebet ganz aufgab. Das dauerte über ein Jahr, und sie entschuldigte es mit »Demut«. Bis schließlich äußere Ereignisse sie wieder auf den rechten Weg brachten. Zunächst die Trauer um den Tod des geliebten Vaters, dann ein fähiger neuer Beichtvater, der Dominikaner *Vicente Barrón*. Mit einem regelmäßigen, maßvollen Rhythmus von Beichtgesprächen und heiliger Kommunion stellt sich die gestörte Christusbeziehung wieder her. Ja, mehr noch: jetzt ist der Boden bereitet für den großen Durchbruch, aus dem die heilige Teresa von Ávila, wie wir sie kennen, hervorging.

Das war elf Jahre nach dem Tod des Vaters, in der Karwoche 1554. Teresa ist jetzt 39 Jahre alt:

> »Die Seele war mir schon müde geworden, doch meine unguten Gepflogenheiten ließen sie nicht zur Ruhe kommen. Da geschah es eines Tages, als ich meinen Betraum betrat, dass ich ein Bildnis [eine Büste] erblickte, die man dort verwahrte, weil man sie für ein bevorstehendes Fest ausgeliehen hatte. Es war ein wundenbedeckter Christus, so ergreifend, dass mich sein Anblick tief erschütterte, denn man sah, was er für uns gelitten hatte. Ich empfand meine Undankbarkeit angesichts dieser Wunden so schmerzlich, dass es mir fast das Herz brach. Trä-

nenüberströmt warf ich mich vor ihm nieder und flehte ihn an, mir Kraft zu geben, mich nie mehr an ihm zu versündigen.«

Es ist das Ereignis, das man gern als die »Bekehrung« der heiligen Teresa von Ávila bezeichnet, nannte sie es doch selbst so (V 9,1–3). Sie dachte dabei an die Bekehrungen der Magdalena und des Augustinus. Sie spürte, wie es von nun an aufwärts ging mit ihr, und ordnete die vordergründig reale Begegnung wegen des inneren Geschehens als Vision ein.

Zu Teresas Fortschritt gehört wachsende Sicherheit im Gebet. Ursprünglich hatte sie einfach aus ihrer Beziehung zu Jesus Christus meditiert und gebetet, bis ihr das die schon genannte übertriebene Systematik der damaligen geistlichen Berater verdarb. Nun geht es nach Osuna um Ausschaltung des diskursiven Denkens. Teresa kennt nicht, wie wir heute, irgendwelche hilfreichen »östlichen« Methoden, also muss sie ihren Weg selber finden. Um zur inneren Sammlung zu kommen, empfiehlt sie einerseits die Lektüre eines geistlichen Textes. Andererseits hilft ihr auch ein Blick auf die Natur, auf Gottes Schöpfung: Felder, Wasser, Blumen zählt sie auf, die ihr helfen, sich zu sammeln, das heißt nach damaligem Sprachgebrauch sich zu entspannen, um in jene Versenkung zu kommen, in der man nichts Äußeres mehr sieht und auch die innere Aktivität des Denkens und Sichvorstellens in der Ausrichtung auf Gott möglichst verebben lässt. Ihre »Sammlung« ist also das Gegenteil von Konzentration, ist ein fließender Vorgang auf die Versenkung hin, in der die seelisch-geistige Person sich zunehmend als klar bewusste Einheit erfährt[16].

Es ist kein leichter Weg, denn die bisher geübte Möglichkeit zur nachsinnenden Betrachtung oder »Meditation« geht verloren. Andererseits wird, wenn dieses neue Beten gelingt, Unschätzbares gewonnen: Die Heilige wächst in der Fähigkeit des Liebens: Gottesliebe und Menschenliebe im Zusammenhang. Nur wenigen macht Gott diesen Weg leicht. Teresa selber zählt sich nicht dazu. Sie erkennt vor allem – und niemand würde das bei ihr vermuten – ihre Schwierigkeit, sich Dinge innerlich vorzustellen. Sie konnte, so meint sie, mit ihrer Einbildungskraft nicht umgehen wie andere Personen (vgl. V 9,6). Wir sind daran gewöhnt, Teresas eidetische Veranlagung hervorzuheben. Sie selbst sah es anders. Zwar konnte sie sich Christus immer nur als Menschen vorstellen. Aber was heißt hier vorstellen? Sie sah nichts, spürte nur irgendwie und ganz nah seine Gegenwart. Wie jemand, so erklärte sie, der blind oder im Dunkeln mit jemandem spricht. Darum ist sie glücklich, wenn man ihr gute Bilder zeigt, und darum bekümmern sie alle Bilderstürmer ihrer Zeit. Man kann aus ihren Darlegungen ersehen, wie sie den Konflikt zwischen »Nichtdenken, Nichtvorstellen« und der für sie unverzichtbaren Menschheit Christi löste. Nachdem sie sich – sei es durch einen kurzen Text, sei es durch ein Naturbild – vom subjektiven Denken und Wollen möglichst gelöst hat, nimmt sie in die sich langsam einstellende Versenkung das Bewusstsein der unfassbaren Gegenwart Jesu Christi mit hinein. So löst sie den Konflikt zwischen den beiden Gebetsarten.

Damit trennt sie sich nicht von Osuna, denn auch dieser empfiehlt, in der kontemplativen Zuwendung doch ganz unmittelbar die Liebe rufen zu lassen[17]. Denn in der Liebe überschreitet der Mensch sich selbst und sein Herz bringt ihn dahin, wo seine Liebe ist. Auch Gott wird so von seiner allmächtigen Liebe gezogen[18], ergänzt dieser unvergleichliche Lehrer in seinem berühmten Buch.

Vision und Versunkenheit

Wie bei der Bekehrung des Augustinus ist es der Garten, der Garten der Seele, mit dessen Hilfe Teresa ihre erste zusammenhängende Lehre des kontemplativen Betens darzulegen sucht. Der

Garten, der gepflegt und bewässert werden muss, damit der Herr gern darin weile. Ein Jesaja-Zitat stand Pate: »Der Herr wird dich immer führen, auch im dürren Land macht er dich satt und stärkt deine Glieder. Du gleichst einem bewässerten Garten, einer Quelle, deren Wasser niemals versiegt.« (Jes 58,11)

Ob die Karmelitin auch wusste, dass »Karmel« hebräisch Baumgarten heißt? Vielleicht hat es ihr einer ihrer klugen Beichtväter gesagt. Ein expliziter Hinweis findet sich im Werk allerdings nicht.

Im Garten als Bild der Seele zeigt die Bewässerung die Grade oder Stufen der Kontemplation, vom ersten Versuch der Sammlung bis zum schweigenden Eingehen in Gottes Liebe. Größere Wasserfülle bedeutet größere Gnadenfülle, dabei nimmt die Eigenaktivität ab und das göttliche Wirken zu. In der Mitte zwischen Bemühen und Gnade steht das *Gebet der Ruhe* als eigentlicher Umschlagplatz oder Angelpunkt von der Eigeninitiative zum Handeln Gottes. Darum ist in allen, auch den späteren beiden Gebetslehren Teresas, dem Gebet der Ruhe besondere Sorgfalt gewidmet. Unter den Bewässerungsarten steht es an zweiter Stelle: Man ist zum Schöpfen aus dem Brunnen nicht mehr allein auf die Kraft der Arme angewiesen. Ein Schöpfrad und Röhren sparen Mühe und sind effektiver.

Teresa betont, dass sie aus Erfahrung spricht. Sie würde anders nichts sagen (vgl. V 18,8). Im Gebet der Ruhe erfährt sie das unterschiedliche Wirken ihrer Seelenkräfte, die nach der von Augustinus ausgehenden Psychologie ihrer Zeit Verstand, Wille und Gedächtnis heißen. Jedoch umfassen diese geistigen Möglichkeiten mehr als in unserem heutigen Sprachgebrauch. Alles kommt auf den Willen an, der vor allem die Liebe einschließt. Darum ist er Gott am nächsten und kommt als Erster in jenes ruhige »Schweigen«, in jenes auf Eigeninitiative verzichtende Geöffnetsein, in dem Gott wirken kann. Verstand und Gedächtnis aber schwirren umher, der Verstand vor allem gleicht oft in seiner Unruhe und seinem Gestikulieren einem Narren. Der Wille in seiner ruhigen Versenkung soll sich nicht um ihn kümmern.

»Nur einige ganz wenige Worte suche sich der Wille, wie sie sich anbieten, wenn er sich befähigt sieht, diese Liebe lebendig zu halten, und er sende von Zeit zu Zeit ein liebevolles Aufwallen Ihm, dem er so viel verdankt. Aber ohne zuzulassen, dass der Verstand lärmend nach großen Dingen sucht.« (V 15,7)

Bei unermüdlich geübter kontemplativer Erfahrung wird die Versenkung tiefer, Verstand und Gedächtnis passen sich, wenn auch nicht immer, so doch zunehmend dem Willen an. Aus dem Versenkungsvorgang wird Versunkenheitsbewusstsein.

Und nun zeigt sich das von Albrecht dargelegte »Ankommen«: Teresa erlebt ihre ersten großen Visionen, die alle um Jesus Christus kreisen und von einem unerhört engen Verhältnis zu ihm künden. »Unerhört« fanden auch oft die Mitschwestern und Beichtväter diese Visionen, weshalb eine lange, quälende Unsicherheit entstand, ob hier in Teresa Gott am Werke sei oder der Teufel, wie man es doch von vielen Alumbrados zu kennen meinte.

Teresa unterscheidet in ihren ersten Berichten sehr wohl zwischen selbst erzeugten inneren Bildern und dem Gefühl einer gottgegebenen bildlosen Anwesenheit Christi, aus der heraus sie gelegentlich auch richtungweisende Worte vernimmt (vgl. V Kap. 9; Kap. 10,1; Kap. 25–29). Ihre Beichtväter wollen ihr nicht glauben. Sie vermuten hinter allem den Teufel und befehlen ihr, das Gegenteil von dem zu tun, was die innere Stimme ihr sagt. Ein wahrhaft herzzerreißender Konflikt! Ja, man empfiehlt ihr sogar, als sich auch bildhafte Visionen einstellen, sie solle, wenn Christus ihr erscheine, sich bekreuzigen, ihm mit einer obszönen Geste der Verachtung begegnen und ausspucken[19]. Natürlich konnte sie das nicht. Und eines Tages ergab sich die köstliche Situation, dass ihr Beichtvater nach einem Gespräch mit ihr ebenfalls eine Vision hatte, von deren Echtheit der Zweifler nun so überzeugt war, dass er bei seiner milde lächelnden Beichttochter Hilfe suchte und fand[20]!

Teresas erste wirkliche Vision war bildlos, rein geistig, »intelectual«, wie man das nannte. Sie betonte, dass sie sowohl in der Außenwelt wie im Inneren nichts sah, dennoch klar um die Gegenwart Christi wusste (vgl. V 27,2). Sie erschrak zuerst so, dass sie weinte. Aber Christus blieb ruhig und unsichtbar ihr zur Seite. Sie berichtete nun von vielen ähnlichen Erfahrungen, die Beichtväter wurden immer skeptischer. Sie aber gewann aus den Erfahrungen ihre berühmte Definition des inneren Gebets:

»Das innere Gebet ist, so meine ich, nichts anderes als freundschaftlicher Umgang und vertraute Zwiesprache mit ihm, von dem wir wissen, dass er uns liebt.« (V 8,5)

Und schließlich dann die ersten großen Christusvisionen, die wie in einem Film zunächst Ausschnitte bringen:

»Eines Tages, als ich ins Gebet versenkt war, wollte mir der Herr einzig seine Hände zeigen, deren unvergleichliche Schönheit ich nicht zu schildern vermag. Wie immer, wenn mir der Herr zum ersten Male eine übernatürliche Gnade erweist, wurde ich von großer Furcht ergriffen. Aber schon wenige Tage später erblickte ich auch jenes göttliche Antlitz, das mich wie betäubt zurückließ. Ich konnte nicht begreifen, warum der Herr, der sich mir später in seiner Gnade doch ganz zeigen wollte, sich so nach und nach sehen ließ. Bis ich dann verstand, dass Seine Majestät aus Rücksicht auf meine natürliche Schwachheit so vorging.« (V 28,1)

Die Vision setzt sich in den nächsten Tagen fort. Teresa schaut den ganzen Menschen Jesus Christus in unbeschreiblicher Schönheit. Was sie dabei aber am meisten beeindruckt, ist das Licht seines Erscheinens. Dieses unvorstellbare Licht bedeutet, dass es keine selbst erzeugte Vision sein kann:

»Diese Vision, wenn es auch eine bildhafte war, sah ich doch nie mit den leiblichen Augen (und so auch keine anderen Visionen), sondern mit den Augen der Seele. Wenn ich auch viele Jahre mit dem Bemühen zubrächte, mir eine solche Schönheit vorzustellen, könnte und vermöchte ich es doch nicht, denn sie übersteigt [mit ihrem Licht] jede Einbildungskraft, allein schon die Weiße und der Glanz!«

Teresa gebraucht dann viele Vergleiche, um zu zeigen, dass dieses überhelle Licht dennoch nicht blendet. Dass es vom irdischen so verschieden ist wie das Sonnenlicht von einer brennenden Kerze, kurz, ein Licht, das man sich nicht vorstellen kann, dem aber als »eingegossener Glanz« auch nicht auszuweichen ist, wenn Gott es gibt (vgl. V 28,1–5).

Die Vergleiche zeigen eine gewisse Vertrautheit mit der Visionenlehre ihrer Zeit. Später wird Teresas junger Ordenssohn und schließlich Provinzial, Pater *Jerónimo Gracián de la Madre de Dios,* die Wertskala der Visionsarten klar zusammenfassen. Sie reicht vom Grobstofflichen bis zum Feingeistigen. Das heißt, auf der untersten Stufe sind jene Visionen, die sich den leiblichen Augen zu zeigen scheinen. Es folgen die inneren Bilder, die immer immaterieller werden. Schließlich gibt es nur noch die Erfahrung einer numinosen Anwesenheit oder Gegenwart. Man vernimmt innere Ansprachen oder, noch besser und höher: Es wird eine übernatürliche Erkenntnis vermittelt, an die eigenes Verstehen niemals herangereicht hätte[21]. Sehr häufig sind Teresas Visionen beides: das Bewusstsein einer unaussprechlichen Gottesgegenwart und eine innere Verbildlichung, die vom groben äußeren Sehen zu unterscheiden ist.

Gebets- und Visionsart stehen in Zusammenhang. Das heißt, nicht nur die persönliche Frömmigkeit, auch die Versenkungstiefe ist dabei entscheidend. Wichtig ist für diese inneren Begegnungen nach Albrecht die Grundgestimmtheit der Ruhe. Zugleich ist es ein Geschehen, das nur im Glauben ergriffen und interpretiert werden kann. Tragender Grund ist das unmittelbare Wissen vom Gegenwärtigsein des personal Umfassenden – für Teresa also Gott oder Jesus Christus, die sie nur selten genau unterscheidet.

Und wie für den heutigen Psychologen besitzt nach ihrer Erfahrung gerade das mystische Licht eine hohe Trugfreiheit, eine an Sicherheit kaum mit einer anderen Erfahrung vergleichbare Erscheinung. Hierauf gründet die noch heute gültige Auffassung, dass das Licht »die echteste Erscheinungsgestalt des Umfassenden ist«[22].

Dennoch: mystische Erfahrung bleibt ein Glaubensvollzug, aus dem das Subjektive nicht auszuklammern ist. In Teresas Zeit sah man die Echtheit durch die »Wirkung« bestätigt. Wirkungen, so legt Albrecht dar, sind unerwartete Wandlungen des fühlenden Erlebens oder überraschende Neuausrichtungen in Einstellung, Willensrichtung und Haltung[23]. Bekehrungen eben, Umgestaltungen im subjektiven Bereich. Ihr Akzent liegt nicht im Objektiven. Sie bedürfen einer geübten Voreinstellung, Johannes vom Kreuz wird das später zur Voraussetzung seiner kontemplativen Unterweisung als Seelenführer machen. Aus diesen Voreinstellungen kann dann das Einströmen des Umfassenden erlebt werden.

Ein Hindu etwa erfährt so das reine Sein, das ihm höchster Wert ist, ein Buddhist das Selbst oder das keineswegs unqualifizierte Nichts, die monotheistischen Religionen würden von Gott sprechen, der christozentrischen Teresa ist es zugleich oder abwechselnd Jesus Christus und der sich zuneigende Gott, in jedem Falle aber ein personales Du, das wesentlichste und eigentliche Du! Und die Qualität der Aufnahme ist die im »Willen« erfahrene Liebe. Sie wird durch weitere Begegnungen gesteigert, wächst über das natürlich gegebene Maß hinaus.

Wegen der Bindung an die subjektive Lebensentwicklung und Persönlichkeit sind solche Phänomene für andere nicht nachvollziehbar. Was dem Erfahrenden zur unerschütterlichen Wahrheit wurde, bleibt dem Außenstehenden gerade wegen seiner Ungewöhnlichkeit suspekt. Was dann aber letztlich doch erkannt und akzeptiert wird, sind die aus den Wirkungen hervorgehenden Wandlungen, die stets eine Hinwendung zu Auftrag und Mitmenschen bedeuten. Die Schwerverstehbarkeit des rein Visionären zeigt sich deutlich an einer Vision, die Teresa mehrfach erlebte und auf die sie größten Wert legte. Der Nachwelt ist sie bekannt durch Berninis Marmorstatue in Santa Maria della Vittoria in Rom. Ihr Ausdruck wird bewundert oder als ungewollte Erotik belächelt. Es ist die Vision von der Herzdurchbohrung, die die Heilige mehrfach erlebt und drei Mal geschildert hat:

Sie sah mit ihrem inneren Auge einen kleinen Engel mit leuchtendem Antlitz. Er musste wegen seines Glanzes einer hohen Hierarchie entstammen, Teresa nennt ihn »querubín«; Báñez verbesserte später: »serafín«. Dieser Engel hielt einen langen goldenen Wurfpfeil mit feuriger Spitze in der Hand.

»Er schien ihn mir mehrmals ins Herz und bis ins Allerinnerste zu stoßen. Dieses ging beim Herausziehen mit und ich fühlte mich ganz entflammt in großer Gottesliebe. So gewaltig war der Schmerz, dass er mir ein Stöhnen entlockte, und so unsäglich seine Süße, dass man ihn nie mehr hätte missen mögen noch sich mit weniger als Gott zufrieden geben. Es ist kein körperlicher, sondern ein geistiger Schmerz, wenn auch der Körper unwillkürlich stark beteiligt ist. Und ein so lieblicher Austausch zwischen Gott und der Seele, dass ich Seine Güte anflehe, sie auch den spüren zu lassen, der meint, dass ich lüge.« (V 29,13. Auch in 6 M 2,4 u. R 5,15–17)

Teresa schildert hier so etwas wie einen Archetypus, darum gestaltete Bernini gerade dieses, darum fühlt sich die Nachwelt trotz des Unverständnisses angezogen. Mythologisch gab es neben dem Göttersohn Amor gelegentlich auch den pfeilbewehrten Gottessohn Jesus Christus, der eine andere Liebe hervorrief. So kennen ihn die Kirchenväter. Teresa könnte davon etwas gehört oder gelesen haben. Arnobius der Jüngere schildert es plastisch und schließt: »Wenn nämlich diese Pfeile in unserem Herzen den Sieg errungen haben, dann empfangen wir in unserer Seele den Thron Christi«[24]. Für den heiligen Augustinus bedeuten die Pfeile Gottes Worte. Mit ihnen trifft Gott »das Herz des Liebenden, um ihm zu helfen. Er verwundet ihn, um ihn zum Liebenden zu wandeln«[25]. Die Pfeile verwandeln also, sie töten nicht. Aber mehr noch: Nach Jesaja ist der Messias selbst als Gotteswort ein Liebespfeil[26].

Kurz, Teresa steht hier mit ihrer berühmten Vision inmitten einer Tradition, sei es nun bewusst oder »kollektiv unbewusst« (C. G. Jung). Hier handelt es sich um »eingegossene Liebe«, mit der die natürliche nicht konkurrieren kann[27]. Direkt darstellbar ist das nicht. Aber es ist verständlich, dass die Ordensfrau bei einem derart überwältigenden Erleben zunächst um dieses und damit um sich selber kreist.

Beglückung und Zweifel

Man hatte die Karmelitin lange genug mit Zweifeln und unsinnigen Befehlen gequält. Sie fühlt sich in diesen Jahren des Reifens mystischer Erfahrung einerseits von sich häufenden Visionen oft unruhig und erregt, andererseits wird im Gebet die Versenkung immer tiefer und damit auch das Glück und die Seligkeit. Ein Genießen[28] der Gottesnähe spielt auf dieser Stufe eine große Rolle, obwohl Teresa theoretisch schon sieht, dass es darauf nicht ankommt.

Sie sagt es im Zusammenhang mit der Behandlung des Inneren Gebets. Es geht primär nicht um die Beglückung der Seele:

»Sie muss sich überwinden, dass es ihr nichts ausmacht, ob sie Trost oder Trockenheit empfängt. Besteht doch die Gottesliebe weder in der Erfahrung von Tränen noch in jenen Beglückungen und Zärtlichkeiten, die wir uns meist wünschen und womit wir uns erbauen, sondern im Dienen in Gerechtigkeit, in Geistesstärke und Demut.«

Aber dann macht Teresa hier doch wieder eine Einschränkung. Sie selbst ist nämlich noch nicht zu einer so heroisch-selbstlosen Haltung fähig. Überhaupt ist dies, so meint sie, mehr eine Sache der Männer, die es jedoch oft am wenigsten verstehen:

»Für mich, die ich nur eine ungebildete Frau bin, schwach und wenig widerstandsfähig, scheint es mir allerdings passend zu sein, wenn Gott mich, wie es gegenwärtig geschieht, beschenkt, damit ich einige Leiden, die er mir auferlegte, besser ertrage. Aber Gottesdiener, Männer von Format, Verstand und Gelehrsamkeit, die mir so viel davon hermachen, wenn Gott ihnen keine erbaulichen Gefühle schickt – das wahrzunehmen missfällt mir. Und ich glaube, das liegt großenteils daran, dass sie das Kreuz nicht von Anfang an umarmen, dass sie sich betrübt zeigen, weil sie meinen, überhaupt nichts zu tun. Sie können es nämlich nicht ertragen, wenn ihr Verstand seine Tätigkeit aufgibt. Dadurch aber erstarkt zu sehr ihr Wille, er wird beleibt und sie merken es nicht.«[29] (V 11,13–15)

Der Wille, dieser Träger der Versenkung und Liebe, darf also nicht dick und bequem werden. An sich selbst legt Teresa in dieser ersten Phase mystischer Erfahrung allerdings einen weniger strengen Maßstab ohne Schlankheitsideal. »Genießen«, »Beglückung«, »Beseligung« sind nun ihre Stichwörter. Es geht dabei um die Vorstufe zum Gebet der Einung, eine Art »Vorhimmel«:

»Man muss sich hier ganz den Armen Gottes überlassen. Diese Gebetsweise ist ganz offensichtlich die Vereinigung der ganzen Seele mit Gott. Aber Gott gibt hier scheinbar noch die Erlaubnis, dass die Seelenvermögen sein großes Werk wahrnehmen und es genießen. Es kann auch öfter geschehen, dass nur der Wille in tiefer Ruhe verweilt, Verstand und Gedächtnis dagegen so frei sind, dass sie Arbeiten aufnehmen und sich zu Werken der Nächstenliebe verstehen können, so dass das Leben der Seele aktiv und kontemplativ zugleich ist.«[30] (V 17,2–4)

Darum ist dann auch weiter im Gebet der Einung davon die Rede, dass man zuvor noch etwas wahrnahm, nun aber eine Beglückung erfährt, ohne erkennen zu können, was einen beglückt: So sehr ist man mit dem Glücksgefühl selbst beschäftigt!

Während so die Seele Gott sucht, fühlt sie sich mit einem großen und sanften Glücksgefühl in eine Art Ohnmacht sinken, in der ihr der Atem und alle körperliche Kraft fehlen. Denn alle äußere Fähigkeit ging verloren und sammelt sich in den wachsenden Fähigkeiten der Seele, ihre Herrlichkeit immer tiefer zu erfahren. Dieses Gebet verursacht keinen Schaden. Ist doch der Verlust der Seelenkräfte von einem großen Glücksgefühl begleitet, aus dem die Seele gestärkt hervorgeht. Auch lässt es sich nicht mitteilen, denn es geht mit einer Ruhe einher, die unstörbar bleiben muss (vgl. V 18,10).

Das stimmt wiederum überein mit der Beobachtung des Psychologen Albrecht: Zum einen wird in der Versenkung die Ruhe schließlich zur reinen Zuständlichkeit, eine Ganzheitsqualität. Zum anderen wird bei Verabsolutierung der Versunkenheit die Ruhe oder der Friede zum Gegenstand der Innenschau und als Letztheit des Seins, als höchstes Gut erlebt. Dieses übersteigt jedes Verstehen und zeigt sich bei Teresa als eine Spontanerfahrung, die sie meisterhaft beschreibt. Leicht verkürzt klingt das so:

»Als ich dies schreiben wollte, hatte ich gerade die heilige Kommunion empfangen und befand mich in eben diesem kontemplativen Zustand, den ich hier jetzt behandle. Da sprach der Herr zu mir folgende Worte: ›Die Seele löst sich ganz auf, Tochter, um besser in mich eingehen zu können. Und nicht sie ist es, die lebt, sondern ich‹[31]. Da die Seele nicht begreifen kann, was sie vernimmt, versteht sie, indem sie nicht versteht.[32]« (V 18,14)

Hier greift die Heilige also einerseits auf *Paulus* zurück mit seinem »Nicht ich lebe, sondern Christus lebt in mir« (Gal 2,20), andererseits auf die Verstehensfrage, die mit dem Begriff des Nichtdenkens verbunden ist. Sie fährt fort:

»Wer es schon erfahren hat, wird das Gesagte einigermaßen verstehen, denn dieses Geschehen ist so dunkel, dass man es nicht klarer ausdrücken kann. Ich könnte nur sagen, dass die Seele erfährt, dass sie mit Gott vereint ist. Davon bleibt ihr eine Gewissheit, die sich in keiner Weise anzweifeln lässt. Hier sind alle Seelenvermögen aufgehoben und sie sind so überaus versunken, dass man, wie ich schon sagte, in keiner Weise ihr Wirken wahrnimmt. Hatte die Seele an einen heiligen Text gedacht, ist er nun so gänzlich aus ihrem Gedächtnis geschwunden, als hätte sie nie daran gedacht. Las sie, so gibt es keine Erinnerung an das Gelesene, kein dabei Verweilen. Ebenso geht es mit dem Beten. So dass diese lästige Motte des Gedächtnisses sich hier die Flügel verbrennt[33]. Sie kann nicht mehr flattern. Der Wille geht wohl gänzlich auf im Lieben, aber er versteht nicht, wie er liebt. Der Verstand, wenn er versteht, versteht nicht, wie er versteht. Zumindest kann er nichts von dem begreifen, was er versteht. Mir scheint es nicht so, als verstehe er, da er sich, wie ich sagte, nicht versteht. Mir gelingt es nicht, das zu verstehen!«[34] (V 18,8–15)

Allerdings hatte Teresa noch nicht erfahren, dass dieser kontemplative Zustand wirklich von großer Dauer sein könnte. Sie betont vielmehr seine Kürze: höchstens eine halbe Stunde. Was sich dann freilich durch neues »Eintauchen« wettmachen lässt.

Das Urteil

Teresa warnt, dass man sich bei diesen großen Erfahrungen nicht in falscher Sicherheit wiegen darf. Mehr denn je braucht man einen verständigen und wissenden geistlichen Begleiter, so schwer ein solcher auch zu finden ist. Ihr selbst ging es nicht anders, zumal ihre mystischen Phänomene so stark wurden, dass sie für ihre Mitwelt nicht mehr zu übersehen waren, z. B. die Ekstasen und Levitationen, von denen sie in ihrer Autobiographie, die ja für die Beichtväter geschrieben war, in aller Offenheit berichtet. Sie war so beunruhigt, dass sie sich selbst der Inquisition stellte: Um die Jahreswende 1563/64, zur Zeit der relativen Fertigstellung der zweiten, schon 1562 geschriebenen Fassung der Autobiographie, begegnete sie dem ihr bekannten Inquisitor Francisco de Soto y Salazar, später Bischof von Salamanca, und sagte ihm wörtlich:

»Herr, ich mache durch die Art meines Gebets manchmal ungewöhnliche geistliche Erfahrungen wie Ekstasen, Entrückungen, innere Ansprachen. Ich möchte aber sichergehen, dass mich der Teufel nicht betrügt. Darum gebe ich mich in die Hände der Heiligen Inquisition, damit sie meine Seelenverfassung und meine Gebetsweise überprüfe. Ich werde mich jeder Anweisung unterwerfen.«

Darauf antwortete der Inquisitor: »Gnädige Frau, die Inquisition überprüft weder die Seelenverfassung noch die Gebetsweise, sondern hat die Aufgabe, Häretiker zu bestrafen. Schreiben Sie doch alles, was sich in Ihrem Innern abspielt, offen und ehrlich auf, und senden Sie es an den Pater Magister Juan de Ávila, der ein hochgebildeter und in Gebetsdingen erfahrener Mann ist. Auf seine Antwort können Sie absolut vertrauen«[35].

Teresa macht sich nun noch einmal an die Überarbeitung ihres Buches, das sie Ende 1565 endgültig abschließt[36].

Der heilige *Juan de Ávila*, ursprünglich aus einer beargwöhnten Konvertitenfamilie wie sie selber, wurde durch seine geistige Kraft und Rednergabe zum »Apostel Andalusiens«. Zuvor hatte er einen langen Prozess führen müssen, weil er die Richter der Inquisition unter anderem zu fragen wagte, ob man mit der kirchlicherseits gezeigten Verachtung den überprüften konvertierten Juden und Mauren nicht die Umkehr psychologisch unmöglich mache! Eigentlich wollte er sich, als seine Rehabilitierung endlich erkämpft war, in Sevilla nach Amerika einschiffen. Aber der dortige Bischof erkannte seine Eignung zum Volksmissionar und ließ ihn nicht fort. Bald standen an seinem Beichtstuhl 500 Gläubige Schlange. Seine Heiligsprechung erfolgte am 31. Mai 1970, insofern ist er ein moderner Heiliger.

Es war nicht leicht, an den in Córdoba Lebenden und Überbeschäftigten heranzukommen. Teresa suchte nach einer Vermittlung und fand sie in Gestalt einer Freundin, Luisa de la Cerda, die nach Andalusien zur Kur reiste. Doch dauerte es dann Wochen – für Teresa eine schwer zu ertragende Nervenprobe –, bis Brief und Buch überreicht wurden. Und endlich, am 31. Oktober 1568, trifft der am 12. September geschriebene Brief des großen Missionars und Heiligen ein:

»Die Gnade und der Friede Jesu Christi seien allezeit mit Ihnen. Als ich mich bereit fand, das mir zugesandte Buch zu lesen, geschah das eigentlich nicht, weil ich mich zu einem Urteil über seinen Inhalt berechtigt fühlte, als vielmehr, weil ich mit Gottes Hilfe aus ihm zu lernen hoffte. Und wenn ich auch noch nicht die notwendige Zeit für eine besinnliche Lektüre fand, tröstet mich doch, Christus sei Dank, die Überzeugung, dass ich daraus Erbauung werde gewinnen können, sobald ich ihrer bedarf. Gäbe ich mich allerdings hiermit zufrieden, würde ich die Ehrerbietung schuldig bleiben, die mir Auftrag und Auftraggeberin abverlangen.

Ich will also versuchen, wenigstens im Großen und Ganzen meinen Eindruck wiederzugeben.

Das Buch gehört nicht in die Hände eines allgemeinen Publikums, und teilweise muss noch an den Worten gefeilt werden. Anderes wäre zu erläutern. Weiteres kann Ihnen selbst geistlichen Nutzen bringen, wäre aber nicht gut für Nachahmer. Denn die persönliche Führung Gottes gilt nicht für andere.

Die Gebetslehre ist überwiegend gut. Sie können ihr vertrauen und sich von ihr leiten lassen. Und die Entrückungen [raptos] haben alle Zeichen der Echtheit. Die Methode, mit der nach Ihrer Darstellung Gott die Seele bildlos und ohne innere Ansprachen lehrt, ist absolut sicher. Ich finde hier nichts auszusetzen, und auch der heilige Augustinus spricht gut von dieser Methode.

Die inneren und äußeren Ansprachen haben schon manchen unserer Zeitgenossen getäuscht. Die äußeren gefährden am meisten. Man hat schon viele Regeln aufgestellt, um zu erkennen, ob sie vom Herrn kommen. Eine dieser Regeln gibt an, dass sie nur in Zeiten der Not und als Hilfe gegeben werden. Etwa um den versuchten und verzagenden Menschen zu stärken oder um vor einer Gefahr zu warnen und dergleichen mehr. Denn wie schon ein wertvoller Mensch nichts Unwesentliches daherspricht, so noch viel weniger Gott. Hieran geprüft und an der Tatsache, dass die Ansprachen immer mit der Heiligen Schrift und der Lehre der Kirche übereinstimmen, scheint mir, dass die in Ihrem Buch zitierten immer oder doch überwiegend von Gott stammen.

Bildhafte Visionen, in denen sich äußere Dinge darstellen, sind die zweifelhaftesten. Man darf sie sich niemals wünschen. Wenn aber alles getan wurde und die Visionen dennoch andauern und die Seele sich durch sie gefördert sieht, wenn sie nicht Eitelkeit mit sich bringen, sondern zu tiefer Demut führen, und wenn sie zudem aussagen, was auch Lehre der Kirche ist – wenn dieses alles lange anhält und einen inneren Frieden mit sich bringt, der sich besser erfahren als ausdrücken lässt: dann gibt es keinen Grund, diese Visionen zu fliehen.

Allerdings darf in solchen Dingen niemand dem eigenen Urteil trauen, sondern muss sie mit jemandem besprechen, der Licht hineinbringen kann. Das ist das Allheilmittel für derartige Fälle. Und, wenn man die Demut aufbrachte, sich fremdem Urteil zu unterwerfen, dabei zu Gott hoffen, dass er den vor Täuschungen bewahrt, der auch in Gottes Interesse das Rechte treffen sollte.

Niemand möge erschrecken und vorschnell urteilen, wenn er sieht, dass so ungewöhnliche Dinge jemandem geschehen, der nicht vollkommen ist. Denn es ist der Güte des Herrn nicht neu, aus Sündern Gerechte zu machen. Selbst bei sehr schweren Sünden, indem er ihnen höchst beglückende Erfahrungen sendet, wie ich oft gesehen habe. Wer setzt der Güte des Herrn Grenzen? Zumal solche Erfahrungen weder für Verdienste geschenkt werden noch, weil jemand stärker ist als andere – eher, weil er schwächer ist. Und da sie nicht heilig machen, werden sie auch nicht immer den Heiligsten gegeben.

Die aber solchen Dingen, nur weil diese sehr hoch sind, keinen Glauben schenken, haben Unrecht, wenn es auch unglaublich scheint, dass eine unendliche Majestät sich in einer Liebesbezeugung zur Kreatur herabneigt. Steht doch geschrieben, dass Gott Liebe ist, und ist er Liebe, so ist seine Gutheit grenzenlos. Bei einer solchen Liebe und Gutheit ist der Überschwang des Liebens nicht verwunderlich. Doch wird er missverstanden von jenen, die ihn nicht kennen. Oder wenn auch viele durch den Glauben davon wissen sollten, ist doch schwer zu verstehen, wie weit eine solche Mitteilung gehen kann, solange die ganz persönliche Erfahrung des liebevollen und überaus liebevollen Umgangs Gottes mit dem, den er sich erwählte, fehlt.

Die Erfahrungen waren gut für Ihre Seele. Insbesondere wurden Sie dadurch in der Erkenntnis des eigenen Elends und Ihrer Fehler zum Zweck eines Bemühens um Besserung unterstützt. Und sie waren immer mit der Wirkung eines geistlichen Fortschritts von Dauer, sind Ihnen Anlass zu Buße, Selbstkritik und

Gottesliebe. Doch selbst wenn man sicher ist, dass Erfahrungen von Gott kommen, darf man nicht allzu viel darauf geben, denn Heiligkeit besteht in demütiger Gottes- und Nächstenliebe.

Gehen Sie Ihren Weg weiter, aber stets mit der Umsicht von Dieben, und fragen Sie immer, wohin er führt. Danken Sie dem Herrn, der Ihnen Ihre Liebe geschenkt hat, mit Selbsterkenntnis, mit Annahme von Kreuz und Buße. Und machen Sie sich um jene anderen Dinge keine Sorgen, allerdings ohne sie gering zu schätzen. Es gibt genug Anzeichen, dass die meisten von Gott kommen, und der Rest wird Ihnen nicht schaden, wenn sie sich darüber beraten.

Ich kann gar nicht glauben, dass ich Ihnen dieses alles aus eigenem Wissen geschrieben habe, denn ich besitze es nicht. Ihr Gebet hat das bewirkt. Ich bitte Sie um der Liebe unseres Herrn Jesus Christus willen, für mich zu beten, denn ich habe es sehr nötig. Ich glaube, dass Sie mir darum meine Bitte nicht versagen werden. Und ich muss nun mit Ihrer Erlaubnis schließen, weil ich noch mehr zu schreiben habe.

Jesus sei verherrlicht von allen und in allen. Amen!
De Montilla, am 12. September 1568,
Ihr Diener in Christo Juan de Ávila«[37].

Die dankbare und erleichterte Teresa hat an ihrer Autobiographie nichts mehr geändert. Aber die Lehren dieses Briefes wirken fort in ihrem weiteren Leben.

VERWANDLUNG

Der Brief des Juan de Ávila hat in Teresa tiefe Spuren hinterlassen. Sie macht ihn sich zu Eigen, als sie sich später vor der Inquisition in Sevilla verteidigt, und gibt ihn mit ihren Worten wieder[38]. Sie hat durch ihn aber auch gelernt, die ungewöhnlichen mystischen Erfahrungen, die sich fortsetzen, in einem anderen Licht zu sehen. Es geht jetzt um die tatkräftige Umsetzung des Erfahrenen im Sinne der Vaterunser-Bitte »Dein Reich komme!«.

Dein Reich komme

Diese Bitte bildet den Mittelpunkt ihrer neuen Gebetslehre. Und sie ist das ungeschriebene Motto über den Klostergründungen. Hatte sich doch Teresa nach ihrer tiefen Erschütterung vor der Büste des »Schmerzensmannes« gefragt, was sie denn nun für ihn tun könne. Und dann kristallisierte sich langsam und unterstützt von Gesprächen mit Schwestern und Geistlichen heraus: Der Karmelitenorden war wieder zu seiner Ursprungskraft zu bringen, zu reformieren also. Zunächst möchte Teresa jetzt und hier in Ávila ein neues Nonnenkloster schaffen, in dem man ein Leben führen kann, dessen Strenge bereitmacht für eine bestmögliche Qualität der Kontemplation. Denn solche Kontemplation als direkte Gottesverbindung bedeutet Hilfe für die im Argen liegende Welt mit ihren Kirchenspaltungen, ihren nachlässigen Christen, mit ihren vielen Ungläubigen auf dem neuen Kontinent, den man noch »Las Indias« nannte – Amerika! Kontemplation ist eine geistige Kraft, die wirkt, die bewegt und die sogar Gott bewegen kann – wenn sie gut ist.

So beginnt denn Teresa ihren Plan in ständigem inneren Dialog mit Gott zu entwickeln. Unerwartete Hilfen aus dem Verwandten- und Freundeskreis kommen hinzu. Gottes Ansprachen oder Einsprachen, die »Hablas«, wie man sie spanisch einfach nennt, bekommen eine Richtung, die nicht mehr auf Teresas eigene Seelenzustände zielt. Sie vernimmt nun, sie solle sich mit allen Kräften für die Klostergründung in Ávila einsetzen, man würde ihm, dem Herrn, in diesem Kloster sehr dienen, und es solle San José heißen. Es würde strahlen wie ein Stern, und Christus würde mit ihm sein. Sie solle ruhig mit ihrem Beichtvater darüber sprechen. Der werde den Plan unterstützen (vgl. V 32,11).

So gestärkt kommt Teresa gut voran und bringt trotz mancher Widerstände seitens der Stadtobrigkeit und des Volkes, die fürchten, ein »auf Armut gegründetes« Kloster könne ihnen das Geld aus den Taschen ziehen, das Werk zur Vollendung: »Unser Herr fügte alles besser, als ich gedacht hatte« (F 2,1), meinte sie. Allerdings sind immer neue »Hablas« nötig, um den Mut zu behalten und nicht zu verzagen. Denn es zeigt sich, dass dieses erreichte Ziel des Klösterchens San José nur ein Anfang war. Sein Ruf ist so vorzüglich, dass der Ordensgeneral Rossi (span. bei Teresa *Rubeo*) es besichtigen kommt. So etwas gab es noch nie! Und so angetan ist der hohe geistliche Herr, dass er auf die Bitte der Priorin um eine Gründungsvollmacht folgendes Patent ausstellt:

»Diesem Wunsche, der Uns sehr christlich und heilig erscheint, können wir Uns nicht verschließen. Wir müssen ihn vielmehr annehmen, ihm entsprechen und all Unsere Förderung zuteil werden lassen. Dazu ermächtigen Wir in Ausübung Unseres Amtes als Ordensgeneral die ehrwürdige Karmelitin Mutter Teresa, zur Zeit Priorin des Klosters San José und Uns im Gehorsam unterstellt, dass sie in freier Verantwortung Häuser, Kirchen und Grundstücke allerorten in Kastilien als Schenkung annehmen oder erwerben darf, um Klöster für karmelitische Nonnen zu gründen, die Uns unmittelbar unterstehen.

Die Nonnen werden einen Habit aus braunem Sackleinen tragen. Wenn man es nicht bekommen kann, möge man grobes Tuch nehmen. Ihr Leben folgt der ursprünglichen Regel. Weder ein Provinzial noch ein Vikar oder Prior dieser Provinz kann über sie befinden. Dieses Recht steht nur Uns selbst oder einem von Uns beauftragten Kommissar zu. Die Anzahl der Nonnen soll in einem Kloster 25 nicht übersteigen. Ávila, den 27. April 1567.«[39]

Das war mehr als alle Träume! »Nach diesen Mitteln hatte ich nie gestrebt«, sagt Teresa. Aber dann überlegt sie weiter und erkennt, dass doch auch der männliche Orden einbezogen werden müsse. Sie sendet dem General gleich einen Brief hinterher und bekommt auch diese Erlaubnis. Eigentlich unglaublich! Eine Frau soll Mönche reformieren! Die Schwierigkeit ist ihr nach diesem spontanen Vorstoß klar:»Da saß nun ich arme unbeschuhte Nonne ohne Hilfe von irgendeiner Seite, es sei denn vom Herrn.« Doch kehrt der Mut schnell zurück:»O Größe Gottes! Wie zeigst du deine Macht, wenn du einer Ameise Kühnheit verleihst!« (F 2,7)

Schon bei der nächsten Gründung noch im gleichen Jahr in Medina del Campo wird der Heiligen vom Herrn der für die ersten Mönchskloster notwendige Helfer gesandt: *Johannes vom Kreuz,* gerade fertig mit seinem Theologiestudium und zum Priester geweiht. Er stimmt ihrer Werbung nach kurzer Überlegung zu und wird der erste unbeschuhte Karmelit. Sie erkennt die geniale Begabung des zurückhaltenden jungen Mannes, der allerdings feurig wird, wenn er von Gott reden darf. Er gründet die ersten kleinen Mönchsklöster unter härtesten Bedingungen, Teresa besucht ihn dabei und staunt. Sein eigentliches Talent aber liegt auf anderem Gebiet: Er ist der größte Kenner des mystischen Betens überhaupt. Dass er auch zu Spaniens ganz großen Lyrikern zählen wird, kann Teresa nicht mehr erfahren. Aber durch sein Charisma als geistlicher Führer wird er zum Spiritual für den werdenden Orden, ja, für das ganze kontemplativ interessierte Spanien! Fünf Jahre nach seinem Übertritt als erster »Unbeschuhter« holt Teresa ihn zu sich nach Ávila.

Hatte sie doch von ihren kastilischen Oberen den ihr sehr unangenehmen Befehl erhalten, in ihr altes Monasterio de la Encarnación, das »Menschwerdungskloster«, als Priorin zurückzukehren und dort zu reformieren, auch gegen den Willen der Schwestern. Das ist schwierig, da wird Johannes gebraucht, denn mit den alten beschuhten Patres als Seelsorgern lässt sich keine Reform machen. Und Johannes überzeugt, so wie die Mutter als demütige Priorin, die um Kritik bittet, die Herzen gewinnt. Bald entsteht zwischen diesen beiden Heiligen eine tiefe Bindung gemeinsamer mystischer Erfahrung. Allerdings legt Teresa gegenüber dem so viel jüngeren geistlichen Genie immer Wert darauf, dass man ihr gegenüber die »Jahre und Erfahrung« nicht vergesse (CV Prol. 3).

Die Reform schlägt also solche Wellen, dass auch noch die eigene Klostervergangenheit aufzuarbeiten ist. Daneben laufen die übrigen Gründungen weiter, die Priorin ist nicht nur still im Kloster, sie ist vor allem auf Reisen in Planwagen, auf Maultieren (sie reitet vorzüglich!), wenn sie Glück hat auch in einer adeligen Kutsche.

Woher nahm Teresa eigentlich ihre Idee? Sie knüpft an zeitgenössische Klosterreformen an, besonders die der Franziskaner, die ihr durch Osuna und den befreundeten heiligen Petrus von Alcántara vertraut sind. Zugleich an ihr – nicht ganz vollkommenes – Wissen um die Geschichte des Karmelitenordens. Dieser Orden war einst aus einer Eremitensiedlung im Karmelgebirge hervorgegangen und berief sich auf den Propheten Elija als mythologischen Gründer. Hinzu kam die besondere Verehrung der Gottesmutter Maria. Das war ein Ursprung von dunkler Schönheit.

Rational konnte man sich auf die ersten Statuten des Ordens berufen, die der Patriarch Albert von Jerusalem 1209 entworfen hatte und die später von Papst Honorius approbiert wurden. Ihr Kernstück lautete: »Jeder bleibe in seiner Zelle, Tag und Nacht das Gesetz des Herrn betrachtend.« Weil aber der Orden von Sarazenen immer häufiger attackiert wurde, war eine Übersiedlung nach Europa ratsam, die 1238 erfolgte. Dort aber ließen eremitische Strenge und Zurückgezogenheit sich schwer durchhalten, und es entwickelte sich eine neue, den Bettelorden angepasste Richtung. Die Regel war zu ändern und wurde 1247 von Papst Innozenz IV. bestätigt. Eine weitere Milderung gab es dann 1434/35. Diese hatte Teresa im Sinne, wenn sie wieder auf die »alte Strenge der Ursprünge« zurückgehen wollte, womit sie die Innozenzregel von 1247 meinte[40].

Teresa kommt mit ihrer Reform voran, natürlich immer mit Gottes Hilfe. Es ist ein Gemeinschaftsunternehmen: Gott hat die

Oberaufsicht, Teresa schlägt vor und führt aus. Vorbei sind die langen Stunden der stillen Gebete. Gott tut sich kund inmitten aller Geschäftigkeit. »Auch in der Küche bei den Töpfen ist der Herr mit euch« (»Entre los pucheros anda el Señor ayudándoos«, F 5,8), wird sie ihren Töchtern später sagen.

Bei ihr geht es jetzt um mehr als Kochen. Der Herr sendet sie hierhin und dorthin, sie hat ihre Aufträge. Er sagt: »Jetzt ist keine Zeit zum Ausruhen. Beeil dich mit diesen Häusern, denn in den Seelen derer, die darin wohnen, finde ich meine Ruhe« (R 9). Und er fordert sie auf, über die Gründungen zu schreiben. Sie, schon an diese Dialoge gewöhnt, widerspricht: »Ich sehe nicht, was jetzt über die Gründung in Medina zu schreiben wäre.« Er antwortet geduldig: Man müsse doch erkennen, dass diese Gründungen Wunder seien (R 9). Und er sagt: »Sei nicht traurig, kleine Sünderin! Bin ich nicht dein Gott?« (R 27) Oder: »Weißt du nicht, dass ich allmächtig bin?« (V 36,16) Und schließlich: »Tochter, der Gehorsam gibt Kraft!« (F Pról. 1)

Natürlich fragt die Heilige sich selbst nach Kriterien für die Echtheit dieser Ansprachen. Sie stellt fest: Man braucht zum Hören keinerlei Anstrengung, derer es doch schon bedarf, wenn man selbst wohlgeordnet sprechen will. Man ist ganz passiv beim Hören, allerdings vernimmt man nicht immer das, was man vernehmen möchte. Vor allem aber: *Gottes Worte sind Werke!* Wenn man sie hört, wird alles hell, klar und ruhig, und man fühlt sich sogleich fähig, das Gewünschte auszuführen, auch wenn es anders ist, als man dachte (vgl. V 25,3–4). So ist das neue Leben ein großer Dialog des Hörens und Handelns. Die Vita activa erwächst aus der inneren Gottesbeziehung, aus dem in früheren Jahren im Versenkungsgebet, im Bewusstsein der Versunkenheit kontemplativ Erworbenen (s. o., bes. S. 26–32).

Die neuen Klöster brauchen nun eine praktische Gebetslehre, die Teresa 1565–69 schreibt. Und das ganz Ungewöhnliche: Sie schreibt sie im Auftrag des Dominikaners *Domingo Báñez.*

Welch ein Ansehen die Gründerin schnell gewann, zeigt der Auftrag dieses ihres geistig bedeutendsten Beichtvaters, des Universitätsprofessors von Salamanca, noch heute berühmt als Gegner der Jesuiten im damaligen und bis heute offen gelassenen »Gnadenstreit«. Báñez war ein unbequemer Mann, kein Frauenfreund – aber durch seine gute Bekanntschaft mit Teresa kam er zu neuen Erkenntnissen und kühnen Entschlüssen. Denn in einer frauenfeindlichen, stets um Reinerhaltung des Glaubens besorgten Zeit, in der man – der Klerus las Latein – selbst die spanische Bibel auf den Index setzte, wünschte er von Teresa eine Gebetslehre für die neuen Klöster. Die vorhandene aus der Autobiographie genügte ihm nicht.

Warum? Die alte war zur persönlichen Erkenntnis und Rechtfertigung geschrieben. Kein Lehrbuch, so wie ja auch Juan de Ávila schon betont hatte: »Die persönliche Führung Gottes gilt nicht für andere« (s. o., S. 38). Die neue Lehre nun aber war von einer Frau für Frauen gedacht, denn in diesen Jahren der Niederschrift musste die Gründerin sich schon um fünf Frauenklöster kümmern: in Ávila, Medina del Campo, Malagón, Toledo und Pastrana. Zugleich diente diese Schrift als Waffe für die in ihren geistigen Fähigkeiten missachteten Frauen. Man wollte ihnen von theologischer Seite – Báñez war da die rühmliche Ausnahme – nicht einmal die Fähigkeit zum kontemplativen Beten zugestehen. Nur mündlich durften sie beten. »Das Vaterunser genügt«, hieß es.

Hier hakt Teresa ein: »Und ob das genügt!«, schreibt sie. Und sie erklärt, dass es überhaupt kein nur mündliches Beten gebe. Soll es kein leeres Plappern sein, muss es das unsagbare Gegenüber Gottes gegenwärtig haben. Diese Haltung nennt sie jetzt »inneres Gebet«. Nicht mehr nur den freundschaftlichen Dialog, sondern ganz allgemein die ehrfürchtige Haltung gegenüber der Heiligkeit des als anwesend erfahrenen Gottes, die alle Gebetsstufen begleitet.

Folglich kann Gott jemanden, der innig das Vaterunser betet, vom mündlichen Beten direkt auf eine hohe Stufe schweigender

Kontemplation versetzen. Hinter diesem »Jemand« verbirgt sich die Erfahrung der Heiligen[41].

Sie stellt ihre neue Gebetslehre in den Rahmen des Vaterunsers – weil es das Gebet des Herrn ist und in der Heiligen Schrift überliefert. Und weil die Frauen zeigen sollen, wozu sie geistig wirklich imstande sind. Tiefe, verwandelnde mystische Erfahrungen.

Vater, so legt die Heilige dar, ist Gott zunächst einmal für Jesus Christus, dann aber auch für uns, wenn wir wie der verlorene Sohn umkehren, uns zu Gott hinkehren. Dann wird mit dem ersten Wort »Vater« auch der Heilige Geist, der sich, wie Teresa sagt, »zwischen diesem Sohn und diesem Vater befindet, das Innere des Beters mit großer Liebe erfüllen« (CV 27,7). So werden wir Gottes Kinder.

Das bedeutet für den Kontemplativen ein über die Egozentrik Hinausgehen, wie es dann in der Bitte »Dein Wille geschehe« bestätigt ist und Erfüllung sucht in der Bitte »Dein Reich komme«. Dafür lebt, arbeitet und betet Teresa. Dafür reist sie kreuz und quer durch Spanien. Und wenn sie von den »Ungläubigen« auf dem neuen Kontinent spricht und sagt: »Der Herr erleuchte sie«, so fügt sie sofort hinzu: »Es gibt ja hüben wie drüben so viel inneres Elend, der Herr erleuchte uns!« (Brief Toledo, 17. Jan. 1570).

Theologie der Erfahrung

Das Vaterunser-Buch, wie Teresa es gern nannte, zeigt den geistlichen Töchtern die Einfachheit des neuen Gebetes, sofern man sich über seine Voraussetzungen im Klaren ist. Die zweite Bitte wird folgendermaßen ausgelegt:

»Betrachtet nun die Worte eures Meisters: *der du bist im Himmel.* Meint ihr, es sei unwichtig zu wissen, was unter ›Himmel‹ zu verstehen ist und wo ihr euren hochheiligen Vater suchen sollt?

Ich sage euch dagegen, dass es viel für das zerstreute Denken bedeutet, daran nicht nur zu glauben, sondern sich auch zu bemühen, es durch Erfahrung zu verstehen. Denn das ist eines der Mittel, das Denken wirksam ruhig zu stellen und die Seele zu sammeln.

Ihr wisst ja, dass Gott überall ist. Kurz, wo Gott ist, ist Himmel. Denkt nun daran, wie der heilige Augustinus erzählt, dass er ihn allenthalben suchte, bis er ihn endlich im eigenen Innern fand. Was meint ihr, was diese Wahrheit für eine allenthalben verstreute Seele bedeutet, was es heißt, wenn sie erkennt, dass sie nicht zum Himmel aufsteigen muss, um mit ihrem Ewigen Vater zu reden, und dass kein lautes Rufen nötig ist, um seine Liebe zu erfahren. Wie leise sie auch spreche, er ist so nah, dass er uns hört. Sie braucht keine Flügel, um zu ihm zu gelangen, nur in die Einsamkeit muss sie gehen, in ihr Inneres schauen und sich nicht wundern über einen so hohen Gast. Vielmehr spreche sie ihn in aller Demut an als ihren Vater, bitte ihn als ihren Vater, berichte ihm von allen Nöten und welcher Hilfen sie bedarf, immer im Bewusstsein ihrer Unwürdigkeit als Tochter des Herrn.«

Teresa verweist dann aber sofort darauf, dass man dieses Bewusstsein nicht mit falscher Demut verwechseln dürfe. Man soll sich vielmehr freuen über die Nähe und die Geschenke des Herrn. Sie verwendet nun das Wort Himmel auch als Spiegelung im Menschen:

»Die sich so in den kleinen Himmel ihrer Seele einschließen können, dort, wo der ist, der Himmel und Erde schuf, und die gelernt haben, sich nicht mittels der Sinne zerstreuen und ablenken zu lassen, die mögen mir glauben, dass sie auf einem vorzüglichen Weg wandern.«[42] (CV 28)

Vor allem beeindruckt die Heilige das hier deutlich werdende Menschenbild, wie es sich aus dem Johannesevangelium und den Paulusbriefen ergibt. Eine Einwohnung und ein »Christus in mir«, die sie mit ihren schönen Gleichnissen den Töchtern und Schwestern nahe bringt.

»Wie wunderbar ist es doch: Er, dessen Größe tausend und abertausend Welten füllt, schließt sich in so etwas Kleines ein wie unsere Seele! Als der Herr hat er alle Freiheit, er passt sich unserem Maße an, weil er uns liebt.«

Denn im Menschen spiegelt sich nicht nur der Himmel, er wurde vielmehr geschaffen nach dem Bilde Gottes, ein jeder in seiner Weise. In einem ihrer schönsten Gedichte lässt Teresa Gott den Schöpfer zur Seele sagen:

»Die Liebe hat in meinem Wesen
dich abgebildet treu und klar;
kein Maler lässt so wunderbar,
o Seele, deine Züge lesen.«
(P, 1334 f.)

Um den Wert einer Seele zu zeigen, wählt Teresa das Bild eines kostbaren Palastes, dessen Größe Gott verändern kann. Er ist ganz aus Gold und Edelsteinen und je edler die Seele, umso kostbarer erstrahlt er. Darin wohnt der große König, der Vater, und sein Thron ist unser Herz (vgl. CV 28–29).

Das zu wissen ist wichtig für die Frauen, die doch nicht gelehrt sein dürfen. Und lieber noch als auf Gott verweist Teresa auf Jesus Christus als König dieses Seelenpalastes. Sind es doch, so sagt sie an anderer Stelle, viel häufiger die Frauen als die Männer, denen der Herr diese Gnaden erweist (vgl. V 40,8). Damit bezieht sie sich auf die Evangelienberichte von der Auferstehung und den Frauen am Grabe, aber auch auf die Freundschaften, die Jesus Christus pflegte. Eine ganze Theologie! So wie es denn im ersten Entwurf ihres »Wegs der Vollendung« geradezu aus ihr herausbricht:

> »Herr meiner Seele! Als du noch in dieser Welt wandeltest, hast du die Frauen nicht verachtet, sondern ihnen im Gegenteil stets deine besondere Zuneigung bewiesen. Fandest du doch in ihnen ebenso viel Liebe und mehr Glauben als bei den Männern. Denn da war ja deine heiligste Mutter, deren Verdienste uns zukommen, auch wenn wir sie wegen unserer Schuld nicht verdienen würden, und deren Habit wir darum tragen. [Die Welt irrt, wenn sie meint,][43] dass wir nicht öffentlich wirken dürfen noch einige Wahrheiten aussprechen, um derentwillen wir im Geheimen weinen, und dass du, Herr, unsere gerechten Bitten nicht erhören würdest. Ich glaube das nicht, Herr, denn ich kenne deine Güte und Gerechtigkeit, denn ein gerechter Richter bist du und nicht wie die Richter dieser Welt, die als Söhne Adams, kurz, als Männer jede gute Fähigkeit bei einer Frau verdächtigen. Ich weiß, dass der Tag kommen wird, mein König, da man einander erkennt. Ich spreche hier nicht für mich selbst, denn die Welt kennt meine Schlechtigkeit und ich freue mich, wenn sie bekannt ist. Aber ich halte es in diesen Zeiten für Unrecht, wenn man starke und zum Guten begabte Geister zurückstößt, nur weil es sich um Frauen handelt.«[44]
> (CE 4,1)

Teresa greift jetzt in Lehre und Erfahrungsberichten ganz auf die Heilige Schrift zurück. Das ist nicht nur eine Vorsichtsmaßnahme gegen die Inquisition. Es ist ihr Herzensanliegen, weil sie so Christus am nächsten ist. Und hat sie ihn nicht immer wieder lebendig in ihrem Innern erfahren?

Durch die Einwohnung Christi/Gottes ist der Mensch gleich ihm letztlich ein alle Erkenntnis überschreitendes Geheimnis von unendlichem Wert. Ja, man kann sagen, dass der Mensch für Teresa eine dreifache Struktur hat. Er besteht aus Körper, Seele und Jesus Christus[45]. Oder, anders ausgedrückt: Die Menschwerdung Christi soll sich immer wieder vollziehen in jedem von uns.

Bald kann Teresa sogar sagen, die Erfahrung sei für sie Garant der Wahrheit des von ihr Gelehrten (vgl. V 33,6; CV Prol. 3; Kap. 23,5; R 5,15). Die Erfahrungen geben ihr Sicherheit. Sie entwickelt also eine Anthropologie auf der Basis ihrer aus der Erfahrung stammenden Theologie. Diese Theologie der Erfahrung ist keine subjektive Erfindung, sondern bestätigt praktisch die christliche Lehre. Allerdings kann ein Theologe ohne innere Gebetserfahrung das nicht verstehen, wie gelehrt er auch sei (vgl. F 8,8). Für Teresa ist Christus der Ort, wo man Gott begegnet[46]. Er ist absolut unverzichtbar. Ihr inneres Wissen stimmt überein mit der Erfahrung des Paulus: Nicht mehr ich lebe, Christus lebt in mir, und wir sollen Christus in seiner vollendeten Gestalt darstellen[47].

Durch den »Christus in ihr« kommt Teresa auch zu einer ganz modernen Auffassung vom kleinen und großen Ich:

»Möge doch dieses Ich nun sterben und lebe in mir ein anderes, das mehr ist als ich und besser für mich, damit ich ihm dienen könne. Es möge leben und mir Leben geben. Es herrsche, und ich sei seine Gefangene, will doch meine Seele keine andere Freiheit. Wie wäre der denn frei, der sich vom Höchsten entfernte?« (E 17,3)

Gemeint ist wohl Christus als das Wesentliche im Menschen. Heute könnte man für dieses »andere« Ich das Selbst setzen. Nicht im Sinne egozentrischer »Selbstverwirklichung«, als vielmehr nach Art der großen meditativen Religionen, die Gott im Selbst finden.

Die Heilige kommt also durch ihr inneres Erleben zu einer Christologie[48] und christlichen Anthropologie. Wir haben keine genaue chronologische Folge ihrer Visionen und Auditionen. Und wenn ihr Christus auch meist als der Auferstandene begegnet, verweist doch die Auferstehung zurück auf das Kreuz. So jedenfalls sieht es Teresa: Gott wurde Mensch und litt und starb, um den Menschen die Möglichkeit zu geben, Leiden und Tod mit ihm zu überwinden und letztlich in seinem Reich, das kommen soll, zu bleiben. Darum ist in Teresas Christologie auch das eigene vielfältige Leiden aufgehoben, über das sie zwar klagt, das sie aber an ihrem unermüdlichen Tun nicht hindert. Weshalb man auch von ihr sagte: Sie war fast immer krank, aber keine Kranke. Die Teilnahme am Leiden Christi/Gottes bringt Wahrheit, und Wahrheit bedeutet Sicherheit. Die Bitte »Dein Wille geschehe« braucht aber Mut:

»Ja, Herr, mir geschehe dein Wille, alles, was du möchtest und wie du es wünschst. Sollen Leiden über mich kommen, gib mir Kraft, sie zu tragen. Wenn Verfolgungen, Krankheiten, Entbehrungen, Not: hier bin ich, Vater, ich wanke nicht und sehe keinen Grund zur Flucht.« (CV 32,10)

Teresa hat dieses alles in ihrer Lebenswirklichkeit erwiesen, hat Verfolgung, Scheitern und Krankheiten in diesem Geiste getragen. Sie darf aus ihrer Erfahrung sagen:

»Meines Erachtens ist die Liebe das Maß für die Größe des Kreuzes, das jemand tragen kann.« (CV 32,7)

Nicht dass wir Leiden suchen sollten, Teresa ist keine Masochistin. Aber sie gehören ja zum Leben eines jeden und bekommen durch Jesus Christus eine andere Qualität. Seine Haltung, sein Wesen, das wir schon keimhaft in uns tragen, zu erkennen und so gut wie möglich wachsen zu lassen, ist die Verwandlung durch Kontemplation, um die es Teresa in diesem Lebensabschnitt und in der neuen Gebetslehre geht. Auf die beglückenden Erfahrungen kommt es nicht an, auch Leiden kann wahres Gebet sein:

VERWANDLUNG

»Ich wünsche mir kein anderes Gebet als das, an dem ich innerlich wachse. Wenn es mit großen Versuchungen, Traurigkeiten und Trockenheiten einhergeht und ich werde davon demütiger, so halte ich das für ein gutes Gebet. Das beste Gebet ist das, das Gott am meisten gefällt. Man soll nur nicht meinen, dass, wer leidet, nicht betet. Wenn er nur sein Leiden Gott als Opfer darbringt, tut er mehr als jemand, der sich in der Einsamkeit den Kopf zerbricht und meint, ein paar hervorgepresste Tränen seien schon das wahre Gebet.« (Brief Toledo, 23. Okt. 1576)

Die Kontemplation dient also nicht mehr, wie im ersten Lebensabschnitt, der eigenen Erbauung. Sie gibt Kraft zum Tun und Leiden, und auch das Leiden ist ein notwendiger Dienst an Gott und Mitmenschen. Eigentlich eine Selbstverständlichkeit, wenn Christus in der innersten Mitte des Menschen anwesend ist. Darum nun auch die reife Einstellung zum kontemplativen Vollzug:

Wir sollen im Gebet nur verweilen, »solange nicht Gehorsam und das Wohl des Nächsten sich dazwischenschieben. Jeder dieser beiden Gründe erfordert Zeit und verlangt von uns loszulassen, was wir Gott so gern geben wollten, nämlich, so meine ich, unser einsames An-ihn-Denken und innerliches Uns-Erfreuen an dem, was er uns schenkt. Darauf aus einem der beiden genannten Gründe zu verzichten, bedeutet ihn zu beschenken und das von ihm Gesagte: ›Was Ihr einem meiner geringsten Brüder getan habt, das habt ihr mir getan‹[49] zu verwirklichen.« (F I)

Nicht, dass bei ihr selbst die Visionen und inneren Ansprachen aufgehört hätten. Im Gegenteil, zeitweise wird sie davon geradezu überflutet. Aber bei aller Subjektivität findet sie zu einer Einordnung in Bibeltext und Glaubensbekenntnis, obwohl ihr durch das inquisitorische Verbot der spanischen Bibel (1559) eine direkte Lektüre der Heiligen Schrift verwehrt ist. Doch helfen ihr sowohl die

Erinnerung an frühere Bibellektüre, die sie beeindruckt hat, wie auch die Zitate in volkssprachlichen Büchern oder in den Predigten, denen sie mit Freude und Aufmerksamkeit lauscht. Das Übernatürliche, vor allem die Christusbindung, wird ihr immer natürlicher. 1572 dann erfährt sie eine ganz lebensentscheidende Vision, die für sie die Aufnahme in die Unio mystica markiert. Vorausgegangen war ein erzieherischer Akt des jungen Johannes vom Kreuz, dem sie ihre mütterliche Überlegenheit vor Augen zu halten liebte, weil seine Vollkommenheit sie nervte. Aber bei der heiligen Kommunion, in der Juan ganz als Priester wirkte, ging das nicht. Es war am 18. November, als er ihr am Kommunionsfenster nur eine halbe Hostie gab. Denn es erschien ihm noch als eine Unvollkommenheit der Mutter, dass sie stets gern eine große Hostie haben wollte: nach seinem Verständnis ein Rest von unguter geistlicher Begehrlichkeit, die er bekämpfte, wo er sie fand.

Sei es, dass damit nun ihre letzte Unvollkommenheit getilgt war, sei es eine innere Notwendigkeit zur Kompensation der demütigenden Enttäuschung: Christus erscheint Teresa innerlich und tröstet sie: »Tochter, fürchte dich nicht. Niemand kann dich von mir trennen.« Und er gibt ihr einen Kreuzesnagel, wobei er sagt:

»Sieh diesen Nagel. Er ist das Zeichen, dass du von heute an meine Gattin bist. Bisher hattest du es noch nicht verdient. Von nun an aber wirst du mich ehren nicht nur als deinen Schöpfer und König und Gott, sondern als meine wahre Gattin. Meine Ehre ist deine Ehre und deine Ehre die meine.« (R 35; Ávila, Nov. 1572)

Die Heilige berichtet weiter, dass sie fast ohnmächtig wurde und den ganzen Tag wie betäubt umherging.

Es ist klar, dass der Kreuzesnagel mit der »Ehre« des Eherings auch Teilnahme am Leiden Christi bedeutet. Das wird bestätigt, als sie etwa drei Jahre später von Christus an das Eheband (desposorio)[50] zwischen ihr und ihm erinnert wird und er hinzufügt, alles Seine gehöre auch ihr:

> »So gebe ich dir alle Schmerzen und Leiden meines Lebens, mit diesem Geschenk kannst du meinen Vater bitten, als habest du es selbst errungen.« (R 51; Sevilla, 2. Jahreshälfte 1575)

Das ist wieder Übereinstimmung von innerer Erfahrung und christlicher Theologie. Ihre eigene menschliche Leidensbereitschaft würde nicht reichen, hätte Christus ihr nicht das alles übersteigende Gut erworben, mit dem sie für das Ziel »Dein Reich komme« effektiv eintreten kann. Das ist, wie der spanische Theologe Secundino Castro sagte, Teresas durch Erfahrung erworbener christologischer Existentialismus[51]. Es liegt auch keine Hysterie oder Hybris in ihrer Annahme einer »ehelichen« Verbindung. Das ist doch, wie alle Rede von den klösterlichen »Bräuten« Christi, eine Metapher für die Liebe zum Höchsten und das Streben, darin aufgenommen zu werden und mit ihm zu leben. Ist es doch auch in der Bibel der »Bräutigam«, dem die Jungfrauen mit ihren Lampen im Dunkeln begegnen wollen. Es geht um die »Verwandlung«, von der sowohl Teresa wie Juan de la Cruz als Lebensziel sprechen. Sie wird »bearbeitet« in der Kontemplation, setzt aber Teilnahme am Leben und Leiden Christi voraus. Dabei ist es ganz natürlich, dass bei diesen Leitvisionen die ursprünglich verstandene Qualität der reinen »Präsenzerfahrung« ein wenig in Vergessenheit gerät. Teresa braucht jetzt das Konkrete in all ihrer sie ganz fordernden Aktivität.

Zwischen Himmel und Erde

Schon während der Niederschrift ihrer »Vida« hatte Teresa erfahren, dass zuweilen die Seele in einen Zustand geraten kann, »in dem sie weder auf Erden noch im Himmel weilt und von beiden keinen Trost empfängt, sondern gleichsam gekreuzigt zwischen Himmel und Erde leidet, ohne von irgendeiner Seite Hilfe erwarten zu können« (V 10,11). Das ist eine Erfahrung, die sie auch später inmitten ihrer Aktivitäten macht. Wie allein muss sie sich oft im Menschwerdungskloster gefühlt haben, als sie nicht mehr Schwester unter Schwestern, sondern als Priorin mit einer großen und schwer durchsetzbaren Aufgabe betraut war. Der in sich gekehrte Juan de la Cruz war auch kein Partner für Plauderstunden. Da war von beiden Seiten her eine gewisse Scheu, trotz wirklicher Liebe. Später, als Juan nach wüsten Leiden und Abenteuern zu seiner Sicherheit nach Andalusien versetzt wird, fühlt sich Teresa einsam[52]. Und Juan klagt, wie sehr sie ihm fehle[53].

Auch auf Reisen musste die Reformerin sich oft verlassen fühlen, trotz oder wegen vieler fremder Menschen und mit so manchem Ungemach. Aber Teresa ist mutig, und vor allem vernachlässigt sie nie das Gebet, zur Not im Wagen und auf dem Rücken des Maultiers. Sie wurde während aller dieser Reisejahre eine bekannte Persönlichkeit in Spanien. Zogen sich doch ihre Klostergründungen von Kastilien bis Andalusien durch ganz Spanien, sprach sie doch auf ihren Reiserouten mit vielen bedeutenden Persönlichkeiten.

Allerdings: Andalusien wurde zum Problem, denn sie hatte dafür keine Gründungslizenz! Durch einen Irrtum wurde ihr erstes andalusisches Frauenkloster in Beas de Segura gegründet. Geographisch und landesrechtlich gehörte Beas zwar noch zu Kastilien, kirchenrechtlich jedoch zu Andalusien. Das wusste Teresa nicht, und darauf kam es an.

Als sie nun unglücklich vor dieser Tatsache stand, kam zu ihr nach Beas *Jerónimo Gracián de la Madre de Dios,* ein 30-jähriger Mönch, von dem sie gehört hatte, weil er während seiner zwei Jahre in ihrer Reformkongregation eine große und ungewollte Karriere gemacht hatte. In Sevilla nun war ihm das Gleiche widerfahren wie ihr in Beas: eine unerlaubte Gründung. Er besuchte sie im April, damit sie sich miteinander besprechen konnten.

Für sie wurde diese Begegnung zu einer Offenbarung, zu einem Lebenswendepunkt. Er besaß alles, was sie brauchte: Jugend, hohe Bildung und familiäre Beziehungen zum königlichen Hofe, Opfermut, denn er hatte auf seine Karriere als Universitätsprofessor zugunsten eines Eintritts in ihren werdenden Orden verzichtet, Kühnheit (manchmal freilich mit Leichtsinn gepaart), Humor und zarte Einfühlung in die Bedürfnisse der künftigen Partnerin, die seine Mutter hätte sein können. Dazu eine glanzvolle Gabe des Redens und Schreibens.

Teresa war tief beeindruckt, sowohl persönlich wie auch wegen seiner Einsatzmöglichkeiten in der Reform. Sie schreibt unbefangen von der Begegnung als den glücklichsten Tagen ihres Lebens, nennt Gracián einen Engel und wird von Visionen überhäuft, in deren Mittelpunkt er steht. Sie versucht dabei die echten von den unechten zu unterscheiden, ist also nicht unkritisch. Im Übrigen meint sie:

»Ich selbst kann es mir aus verschiedenen Gründen zwar leisten, im Umgang mit Ihnen viel Liebe [amor] zu zeigen, aber nicht alle Nonnen dürfen das. Und es würden auch nicht alle Vorgesetzten sein wie Sie, mein Pater, in Ihrer arglosen Offenheit. Ich weiß ja genau, mit wem ich es zu tun habe und dass meine Jahre mir diesen Umgang erlauben. Aber meine Nonnen würden es mir vielleicht nachtun wollen. [...] Ich gestehe, dass ich mich doch bemühen musste, meine vielen Unvollkommenheiten, soweit das möglich ist, vor den Töchtern zu verbergen.« (Brief vom 18. Dez. 1576)

Gewiss, Teresa ist schwer verliebt, sie holt normale Lebensrealitäten innerlich nach, aber sie handelt verantwortlich. Sie stellt den religiösen Lebensauftrag bewusst über die persönlichen Gefühle. Hatte sie doch in Gracián einen Theologen kennen gelernt, der die geistigen Fähigkeiten der Frauen hochschätzte und mit dem sie trotz seiner Jugend über mystische Erfahrungen reden konnte, denn er hatte darüber gelesen und geschrieben, wenn er sie auch für sich selbst zwar kannte, aber nicht wünschte und einfach abwies.

In seiner Autobiographie bekannte er später: »Ich habe die inneren Verdunkelungen erfahren. Quälende Selbstvorwürfe, mutlos machende Ängste. Verzweifelte Niedergeschlagenheit und eine Enge, in der die Seele zu ersticken meint. Eifer zur Unzeit, der das Herz zerfrisst. Verlassenheit innen und außen. – Ich habe Gott um Kreuz und Leiden gebeten, seit ich mit dem Gebetsleben begann, also seit meinem zwanzigsten Lebensjahr. Und ich flehte, mir den Weg der Reichtümer und sowohl der weltlichen wie der geistlichen Ehren zu verwehren, mit denen man Gelehrsamkeit zu belohnen pflegt. Ich bat ihn auch, mir nicht Visionen, Offenbarungen und Wunder zukommen zu lassen, um derentwillen man für einen Heiligen gehalten wird. Ich bat stattdessen nur um das nackte und schimpfliche Kreuz, in dem ich den rechten und sicheren Weg zum Himmel erkannte.«[54]

Teresa bleibt lange in Andalusien, pflegt die Freundschaft mit Gracián und gerät immer tiefer in Probleme. Die neue Liebe, die vom Pater mit Verwunderung, Vorsicht, aber doch auch gern erwidert wird, steht auf zwei festen Säulen: einer visionären und einer ethischen. Die Ethik: Teresa hatte zur Zeit ihres Entschlusses zu einer Ordensreform ein Gelöbnis abgelegt, immer nur das Vollkommenste und Gottgefälligste zu versuchen. Ihre Beichtväter freuten sich nicht. Und sie selbst war seither auf der Suche nach jemandem, der ihr bei der Einlösung des Versprechens helfen könnte. Hinzu kam die Unio-mystica-Vision mit Jesus Christus.

Wie sollte sie, eine »alleinige Frau«, wie sie gern sagte, mit all dem Anspruch fertig werden? Nun hatte sie den Pater gefunden, der sie verstand (und sie ihn!) und der ihr helfen sollte. Er nahm es auf sich, staunend, was da an Liebe und Forderungen auf ihn einströmte, und gottlob nicht ohne Humor. Sie wollte Bußübungen? Bitte sehr: Dazu gehört die berühmte Szene, als er sie von seinem schlichten Ordensbruder Juan de la Miseria malen ließ, der in der Sitzung ihr Gesicht nach seinem Belieben drehte, schalt, wenn sie vor Lachen wackelte, und schließlich ein Bild hervorbrachte, auf dem sie sich abscheulich fand[55]!

Für Graciáns heitere Auffassung seiner schweren Rolle spricht auch folgende Erzählung: »Es war mir oft so gegangen, dass ich nach einer Besprechung mit ihr entgegengesetzter Meinung war, über Nacht aber meine Meinung änderte. Ging ich dann zu ihr und sagte, es sei doch alles richtig gewesen, so wie sie es vorschlug, lächelte sie. Auf meine Frage, was denn sei, antwortete sie, der Herr habe ihr schon gesagt, dass ich mich ihrer Meinung anschließen würde. Wenn ihr Vorgesetzter ihr das Gegenteil von dem befehle, was sie für richtig halte, gehe sie zu unserem Herrn und sage ihm: Herr, wenn du auch für richtig hältst, was ich möchte, so wende das Herz meines Vorgesetzten, auf dass er es befiehlt, so dass ich im Gehorsam bleiben kann.«[56]

Dem Gehorsam der Heiligen saß also auch der Schalk im Nacken!

Teresa hatte anfangs gefürchtet, dass der von ihr doch als schwer empfundene Entschluss, sich dem jungen Gracián ganz zu unterstellen, ihr die fürs geistliche Leben notwendige Freiheit rauben könne. Aber sie merkte bald, dass das Gegenteil der Fall war. Wahre Liebe kann nur in Freiheit geschenkt werden, so stellte sie fest. Und zudem ist Gracián ein ganz von Gott erfüllter junger Mensch, um dessen geistlichen Fortschritt sie besorgter ist als er um den ihren. Ihre Briefe sind voller guter Ratschläge für ihn, aber mit ihren Liebesbeteuerungen auch bedenklich am Rande des Tragbaren. Natürlich braucht ihr Herz auch eine weibliche Liebe und die Möglichkeit, sie zu äußern. Das wird religiös gestützt von der visionären Säule dieser Freundschaft. Schon gleich nach der ersten Begegnung in Beas wurde sie ganz unvermutet, »als sie beim Essen saß«, nach innen gezogen und von folgender Vision überfallen:

> »Ich sah mich an der Seite unseres Herrn Jesus Christus, wie er sich mir darzustellen pflegt. Zu seiner Rechten stand eben jener Magister Gracián. Der Herr ergriff unsere beiden rechten Hände und legte sie ineinander. Dabei sagte er mir, es sei sein Wunsch, dass ich diesen mein Leben lang an seiner Statt annähme und dass wir deshalb in allem miteinander übereinstimmen sollten.« (R 40, April 1575 in Beas de Segura)

Teresa zweifelt nicht: »Ich war sicher, dass Gott in mir sprach, wenn mir auch das Befohlene schrecklich widerstrebte.« Vor allem wegen des vorzüglichen Beichtvaters Báñez, war doch letztlich der knapp 30-jährige Gracián bei aller hohen Bildung und Intelligenz als Seelsorger noch unerfahren. Sie berichtete ihm darum auch nicht von dieser ihn betreffenden Vision, sondern hinterlegte sie in einem nach ihrem Tode an ihn zu übergebenden Brief.

Es mag uns heute verwundern, dass sie sich um Báñez sorgte und nicht um die »mystische Ehe« mit Jesus Christus. Aber das war es ja eben: Unio mystica auf Erden ist schwierig und, wie sie selber wusste, unvollkommen. Auch ein wenig das Menschenmögliche übersteigend. Nun, in dem »Stellvertreter«, hatte sie einen Seelsorger gefunden, mit dem sie zu dem gelangen konnte, was für sie den Sinn einer Ehe ausmachte: aus menschlicher Nähe vollkommene Übereinstimmung in dem, was man als das Gottgefälligste erkennt. Der irdische Stellvertreter gibt der so unerwartet geschlossenen himmlischen Ehe die konkrete Sicherheit. Psychologisch spöttelnde Kritiker haben nicht beachtet, dass Teresas zweite »eheliche« Vision mit Christus[57] (s. o., S. 55) der »Heiratsvision«

mit Gracián nach Monaten folgt. Sie gerät dadurch in keinerlei Konflikte. Sie schreibt ganz im Gegenteil dem Pater:

>Durch die besondere Art des Ehestifters ist das Band so fest ge-knüpft, dass es ein Leben lang halten, ja, nach ihrem [Teresas] Tode noch fester sein wird, als es hier unser unbeholfenes Be-mühen um Vollendung erreichen könnte.« (Brief Toledo, 9. Jan. 1577)

Das sollte sich erfüllen. Als nach dem Tod der Heiligen Pater Graci-áns Unglück – Ordensausschluss, türkische Gefangenschaft, Su-che nach einer Heimat – schließlich ein Ende findet, schreibt er in Flandern eine Fülle von Werken, die immer wieder um »die heilige Mutter Teresa« kreisen[58].

Jetzt aber, im Juni 1577, besucht er sie in Toledo, und durch ge-meinsame Gespräche und seine kluge Ermunterung beginnt sie ihr Meisterwerk zu schreiben, die »Innere Burg« (»El Castillo interior«). Wieso aber hat sie jetzt Zeit zum Schreiben und weilt in Toledo?

Das hängt mit den Ordenskämpfen zusammen, die sich aus Graciáns Betrauung mit hohen Ämtern ergaben und schon begon-nen hatten, als er die Mutter in Beas besuchte. Denn auch die höch-ste Ordensleitung war froh gewesen, einen so begabten und tat-kräftigen jungen Mann gefunden zu haben, und gab ihm Kompe-tenzen nicht nur für seine Brüder, die »Unbeschuhten«, sondern auch für die reformfeindlichen »Beschuhten« in Andalusien. Bald befürchtete man Mord und Totschlag!

Und in all die Aufregungen hinein kamen Todesfälle, die Gra-cián und seine Mutter Teresa allen Wohlwollens und allen Schutzes beraubten. Vor allem tritt an die Stelle des verstorbenen Nuntius Ormaneto der neue spanische Nuntius Sega, der Pater Gracián auf den Scheiterhaufen bringen will, Teresa eine Landstreicherin nennt, ihrem Werk Vernichtung schwört und es versteht, ihren freund-lichen Ordensgeneral gegen sie einzunehmen – die unerlaubten Gründungen in Andalusien boten dazu eine gute Handhabe.

Alle brieflichen Erklärungen Teresas halfen nichts, sie durfte sich nur noch ein Kloster wählen, in dem sie zu bleiben hatte. Reisen und Gründungen waren verboten. Und bald (1578) unterstellte Sega den unbeschuhten Reformorden wieder den alten Karmeliten, den »Beschuhten« also. Alles schien verloren. Ja, offene Feindschaften machten Teresas Getreuen das Leben schwer. Johannes vom Kreuz wurde entführt, gefoltert und gefangen – in Toledo, als die Mutter wieder in Ávila weilte, um ihr San-José-Klösterchen den Ordensoberen zu unterstellen. Nur Flucht und Verbannung nach Andalusien retteten ihm das Leben. Gracián wurde im Studienkolleg von Alcalá eingesperrt. Wer konnte noch hoffen?

Dennoch: Teresa und Gracián gaben nicht auf. Schrieben unermüdlich, ließen Beziehungen spielen, nicht zuletzt zum König. Dieser hatte für alles ein offenes Ohr wegen politischer Spannungen mit Rom. Hinzu kamen Glück und Gottes Hilfe – kurz, das Blatt wendete sich, und Nuntius Sega musste seine Maßnahmen widerrufen.

Am Ende erfüllt sich dann, was Teresa in einer ihrer Gracián-Visionen vernommen hatte: »Sein ist der Sieg!« (R 59,1)[59] Papst Gregor XIII. schreibt am 22. Juni 1580 ein Breve: Die Unbeschuhten werden wieder in ihre alten Rechte und Regeln eingesetzt, die der Papst beschreibt, wie sie von Teresa vorgegeben waren. Und vor allem: die Unbeschuhten dürfen eine eigene Provinz in Spanien bilden, zum Provinzial wird Jerónimo Gracián de la Madre de Dios gewählt!

Das ist nun auch Teresas Sieg – nur dass keiner der hohen geistlichen Herren sie erwähnt! Ausgenommen Gracián, der ihr eine Dankes- und Huldigungsschrift zukommen lässt[60]. Später in seiner Autobiographie »Die Pilgerreise des Anastasio« wird er, nachdem von großen Frauen der Geschichte die Rede war, sagen, wie Unrecht man an der Mutter Teresa handelte: »Wie viel mehr Recht hat die Mutter Gründerin auf ewigen Ruhm, da sie doch Klöster ins Leben rief, in denen für immer der Heilige Geist ge-

pflegt wird und deren Dienst unserem Herrn gefällt und ihn verherrlicht?«[61] Auch beschreibt er alle teresianischen Gründungen in
einem langen epischen Gedicht und zögert in einem späteren Brief
nicht zu erklären, dass die Vorbereitungen zur Seligsprechung der
Heiligen nur deshalb nicht eingestellt wurden, weil er sein Porte-
monnaie zückte[62].

Die nicht einfachen visionären Erfahrungen, von denen nach
Teresas Verständnis die Unio mystica eingeleitet wird, lassen sie in
ihrem folgenden und letzten Werk der »Inneren Burg« zu einem
Gleichnis greifen, das überrascht. Es ist das vom Schmetterling,
der sich als meditativ spinnende Raupe in dunkler Kontemplation
verpuppt und schließlich beflügelt ausschlüpft. Teresa meint aber
nicht die übliche Symbolik von Freiheit und Todesüberwindung. Es
ist ein Gleichnis des Übergangs zwischen dem »schon« und »noch
nicht«. Das Schweben zwischen Himmel und Erde, das sie reifen
und Sicherheit gewinnen, aber auch nach Hilfe suchen lässt.

Sie geht bei dem Gleichnis aus vom zeitgenössischen Wissen
der Schmetterlingskunde, die meinte, der Falter nähre sich von
Luft und Liebe, was keine Dauer haben konnte. Teresa wählt das
Symbol, weil die Erfahrung der Gottesnähe in der Kontemplation
immer nur kurz ist – höchstens eine halbe Stunde, wie sie mehrfach sagt –, aber doch groß und verwandelnd in ihrer Wirkung. Der
Schmetterling ist das Symbol dieser kontemplativen Erfahrung
und ihrer Auswirkung im Leben. Seine Darstellung soll hier ausführlich gezeigt werden, weil daraus sehr deutlich wird, warum Teresa bis zum heutigen Tage eine der besten Prosaschriftstellerin-
nen Spaniens ist:

»Betrachten wir also, was aus der Raupe wird, wenn aus ihr,
ganz in Gebet versenkt und der Welt abgestorben, ein weißer
Schmetterling hervorgeht. O Größe Gottes, wie herrlich geht
eine Seele schon aus solcher kurzen Versenkung in Gott hervor, die nach meiner Erfahrung nie länger als eine halbe

Stunde dauert. Wahrhaftig, die Seele erkennt sich selbst nicht wieder. Denkt doch nur an den Unterschied zwischen der hässlichen Raupe und dem schönen weißen Schmetterling! Sie kann sich gar nicht erklären, wie ihr so viel Gnade zufließt. Die Seele möchte vergehen und tausend Tode sterben, um den Herrn so zu preisen, wie es sic innerlich drängt. Sie nimmt nun große Mühen und Leiden auf sich, es zieht sie zu Bußwerken, in die Einsamkeit, und zugleich möchte sie, dass alle Gott erkennen.

Welch staunenswertes Wunder vollbringt hier Gott, da doch der kleine Schmetterling keinen Augenblick untätig sein kann und doch zugleich nie in seinem Leben eine so tiefe Ruhe und solchen Frieden erfuhr. Er weiß aber nicht, wo er sich niederlassen soll, denn er ist so von Gott ergriffen, dass nichts auf Erden ihn mehr befriedigt, besonders wenn Gott ihm oft seinen Nektar zu trinken gibt. Aus jeder dieser Gebetsvereinigungen geht er neu beschenkt hervor. Das gemächliche Spinnen der Raupe kann er nicht mehr schätzen, denn inzwischen sind ihm Flügel gewachsen. Wie sollte denn jemand, der fliegen kann, noch Schritt für Schritt vorgehen wollen? [...] Der kleine Schmetterling fühlt sich fremd hier auf Erden. Er weiß nicht, wo er sich niederlassen soll. Wohin kann er fliehen, der arme Kleine? Es steht ja nicht in seiner Macht, zum Ausgangspunkt zurückzukehren, denn das liegt ganz in Gottes Hand. O mein Gott, welche Leiden beginnen nun für die Seele! Wer hätte das gedacht nach so hohen Gnaden? Kurz, es zeigt sich, dass wir unser Kreuz zu tragen haben, solange wir leben. Und wer meint, er lebe nach diesen ersten Gnaden der Vereinigung immer in Heiterkeit und Ruhe, dem sage ich, dass er sie überhaupt noch nicht erfahren hat.« (5 M 2,1–4,6–9)[63]

Am Ende des Kapitels der »Inneren Burg« kommt Teresa noch einmal sehr konkret auf sich selbst als »Schmetterling« zurück, indem sie auf die ihr so am Herzen liegenden Werke und Wirkungen verweist, die »Samen«, wie sie hier sagt, die Saat der Klostergründungen und Schriften, das Bemühen für Welt und Mitwelt, damit »andere durch sie die Gnade Gottes erkennen und ihm darum in Liebe dienen« (5 M 3,1).

Damit aber Christus ganz in der Seele lebe, muss der Schmetterling »voll innigster Freude sterben«. Der Schmetterling bedeutet das reife Zwischenstadium eines von Gott Ergriffenseins und für die Mitmenschen Wirkens, dem in seinem subjektiven Wollen doch noch die irdische Unvollkommenheit des Vergänglichen anhaftet. Auch dieses ist noch zu überwinden.

VERSTEHEN

Als die Heilige 1577 in Toledo ihr großes Werk der »Inneren Burg« (»Castillo interior«) beginnt, behandelt sie noch einmal alle Phasen des kontemplativen Betens. Sie sagt in der Einleitung mit ihrem humorvollen Charme, sie gleiche den Vögeln, die man das Sprechen lehrte: sie könnten immer nur das Gleiche sagen! So möge Gott ihr denn helfen, das Neue zu finden oder zumindest sich bei ihrem schlechten Gedächtnis zu erinnern, was sie schon schrieb.

»Und wenn auch der Herr in anderen meiner Schriften einiges verständlich machte, verstehe ich doch, dass ich einiges nicht so verstand, wie ich es jetzt verstehe, besonders wenn es sich um die schwierigsten Dinge handelt. Das Mühsame dabei ist, dass ich, um dahin zu gelangen, wie gesagt viel Bekanntes wiederholen muss, weil mein ungehobelter Geist es kürzer nicht vermag.« (Vorwort zur »Inneren Burg«[64])

Nicht zufällig erwähnt sie, dass sie am Tag der Heiligen Dreifaltigkeit beginne, die siebente »Wohnung« wird es zeigen. Hinzu kommt das für Teresa so wesentliche »Frauenmotiv«:

»Der mir dieses zu schreiben auftrug[65], sagte mir, dass die Nonnen in diesen Klöstern Unserer Lieben Frau vom Karmel jemanden brauchten, der ihnen einige Zweifel wegen des Gebets zerstreue. Und da er meine, dass Frauen am besten die Sprache von Frauen verstünden und sie zudem bei der Liebe, die sie zu

67

mir trügen, das von mir Gesagte mehr beeindrucken würde, sei es von einiger Bedeutung, wenn ich dazu etwas sagen könnte. Darum will ich nun in dem, was ich schreiben werde, zu ihnen reden.«

Es scheint ihr wichtig, denn so viel auch von Klosterregeln oder der Notwendigkeit des Betens gesprochen und geschrieben wird – von dem, was der Herr in der Seele wirkt, sagt man so gut wie nichts. Dabei wäre es so hilfreich, wenn man über sein eigenes Inneres, mit dem man ja doch umgehen muss, mehr wüsste.

Teresa geht wieder aus vom Bild des Palastes als Bild der Seele, wie schon im »Weg der Vollkommenheit« (s. o., S. 51 f.). Aber dieser Palast oder dieses Schloss, diese Burg (Castillo), hat eine ungewöhnliche Struktur. Eigentlich sind es viele Paläste, die sie »Moradas« nennt, Wohnungen. Denn jede von ihnen hat »schöne Gärten, Springbrunnen, labyrinthische Wandelgänge« – ein Bild, das an maurische Schlösser denken lässt. Und das »Labyrinthische« mag auch zeigen, dass sich in der heiligen Siebenzahl der Wohnungen eine Unzahl verbirgt. Je nach Individualität der sie Durchwandelnden.

Licht aus der Mitte

Man geht da aber nicht einfach geradeaus hindurch – diese Wohnungen oder Paläste, diese Bilder der menschlichen Seele, liegen konzentrisch oder, richtiger, kugelförmig um eine Mitte herum, »oben, unten und zu allen Seiten« (7 M Conclusión 3).

In der Mitte aber befindet sich die Wohnung, auf die sich alles zubewegt. Hier wohnt der große König, der wie eine Sonne die Paläste und Gemächer durchstrahlen würde, wären die ersten nicht verdunkelt von so viel »Gewürm«, so viel Unzulänglichkeit und Sünde. Das führt also zu den Läuterungen des Anfangs. Die Lebenswirklichkeit wird jetzt stärker einbezogen als in den früheren Gebetslehren. Teresa warnt vor unklugem Eifer und Herumkritisieren an anderen, aber auch vor einem anspruchsvoll klagenden Umkreisen des eigenen zu bessernden Ichs, das den Blick nicht mehr zur Größe und Güte Gottes erhebt und so den rechten Maßstab verliert. Erst in der dritten »Wohnung« kommt es zum Gebet der Sammlung, in der vierten zum Gebet der Ruhe. Beide haben sich also um zwei Stufen verschoben.

Dieses *Gebet der Ruhe* ist nun keineswegs nur ruhig. Als Umschaltstelle zwischen dem eigengewirkten »Natürlichen« und dem gottgewirkten »Übernatürlichen« birgt es die Gefahr des Stehenbleibens oder gar des Rückschritts:

»Sieht nun der hohe König, der in der Burg wohnt, ihren guten Willen, so will er sie in seinem großen Erbarmen wieder zu sich zurückholen. Und als guter Hirte lässt er sie seine Stimme erkennen mit einem Lockruf, so sanft, dass sie selbst ihn gerade noch vernehmen und nicht immer weiter in die Irre gehen, sondern sich seiner Wohnung zuwenden. Dieser Lockruf des Hirten aber hat eine solche Macht, dass sie die äußeren Dinge, die sie in die Fremde gezogen hatten, verlassen und in die Burg zurückkehren.

Mir scheint, ich konnte das noch nie so gut erklären wie eben jetzt. Wenn Gott uns diese Gnade erweist, so ist das eine große Hilfe, um ihn im Innern zu suchen, wo man ihn leichter und heilsamer findet als in den Geschöpfen, wie schon der heilige Augustinus sagte, als er ihn gefunden hatte, nachdem er ihn zuvor allenthalben suchte. Aber denkt nicht, dass es durch den Verstand zu erwerben sei, indem man versucht, sich Gott im Innern zu denken, und auch nicht durch die Einbildungskraft, indem man ihn sich vorstellt. Das ist zwar eine vorzügliche Meditationsweise[66], weil sie von Wahrheit ausgeht, nämlich dass wir Gott in unserem Innern haben. Aber darum handelt es sich [bei der besprochenen Gnade] nicht, denn das kann jeder, und mit Gottes Hilfe ist es gänzlich verstehbar.« (4 M 3,2–3)

Die Heilige will deutlich machen, dass es um ein Geschehen geht, dessen Initiative ganz bei Gott liegt. Sie vergleicht das Erfahrungsgefühl zwar mit dem Sicheinziehen eines Igels oder einer Schildkröte[67], aber im Grunde, so meint sie, hinken diese Gleichnisse doch, weil die Tiere sich zurückziehen, wann sie wollen, während die Seele nicht darüber verfügen kann.

Meist sind dem nach innen ziehenden Ruf Anfechtungen vorangegangen. Darüber denkt sie ungewollt ähnlich wie *Luther*, den sie nur vom Hörensagen kennt: Erst bewältigte Anfechtungen geben die nötige Stärke des Glaubens und Liebens. Auch könnte ohne Anfechtungen nach geistlichen Beglückungen »der Teufel« leichtes Spiel haben.

In dieser vierten Wohnung gibt es besonders viel zu verstehen. Das Herz wird geweitet, die ganze Persönlichkeit wächst, und deutlicher als in den früheren Gebetslehren lässt die Heilige erkennen, dass Verstand und Gedanken nicht identisch sind. Mögen Letztere auch umherschwirren, der Verstand weilt ruhig mit den anderen Seelenkräften bei Gott, der ihn gerufen hat. Und Gott gibt ihm mehr zu verstehen, als der Verstand sich hätte träumen lassen. Die Seele ist gesammelt »in ihrer Ruhe, in ihrer Liebe und voll klarer Erkenntnis«. Wir sollen uns nicht anstellen, als hätten wir keine Vernunft. Aber wir erfahren, dass es Gott ist, der unser Erkennen zu erleuchten beginnt. Teresa nimmt hier ihre Wassergleichnisse aus der Autobiographie in neuer und vereinfachter Weise auf. Sie sagt selbst:

»Es könnte sein, dass ich mir bei diesen inneren Dingen im Vergleich zum früher Gesagten etwas widerspreche. Das ist kein Wunder. Denn in den fast fünfzehn Jahren, seit ich darüber schrieb, hat mir der Herr vielleicht doch mehr Klarheit gegeben, um das alles besser als damals zu verstehen.« (4 M 2,7)

Jetzt gibt es nur noch zwei Brunnenbecken. Dem einen wird künstlich Wasser zugeführt. Das andere wurde über einer Quelle errichtet, die das Seelengefäß mit sprudelndem Wasser erfüllt, das sogar als Woge die Begrenzungen übertreten kann. Aber nicht, um den Beter in Entzücken zu versenken, sondern um die inneren Kräfte so zu wecken und zu stärken, dass es nun – und damit befindet man sich schon in der fünften Wohnung – leichter möglich wird, gute Werke zu vollbringen. So wird die Anpassung an den Willen Gottes immer größer.

Die sechste und siebente Wohnung der »Verlobung« und »Ehe« gehen ineinander über. Es ist immer wieder erstaunlich, wie anschaulich Teresa von Ávila diese höchst schwierigen inneren Dinge darstellt. Ganz gewiss haben Mitwelt und Nachwelt ihre unerschöpfliche Originalität bewundert. Freilich gibt es islamistische Forschungen von hoher Qualität, die dieses anzweifeln, weil scheinbar Vorläufer in der alten Sufimystik nachweisbar sind. Eine Schülerin Annemarie Schimmels an der Universität von Puerto Rico, Luce López Baralt, befasste sich besonders mit den islamischen Einflüssen in der spanischen Literatur. Bei Johannes vom Kreuz wurde sie mehrfach fündig. Allein schon die Methode, das Erfahrene zunächst in einem Gedicht auszudrücken und dann ausführlich zu kommentieren, übernahm er von den islamischen Mystikern, den *Sufis*. Freilich ist zu bedenken, dass man die Sufis nicht einfach mit dem Islam gleichsetzen kann. Ihre schiitische Religiosität ist sehr komplex und von vielen, auch frühchristlichen Einflüssen berührt.

Bei Teresa, die weder studierte noch eine andere Sprache verstand als ihre spanische Muttersprache und die auch nicht, wie Johannes, jahrelang im maurisch geprägten Andalusien lebte, waren solche Einflüsse nicht zu erwarten. Auch wenn das Arabische als Landessprache erst 1566 verboten wurde und auch wenn man von der breiten Prägung durch die über 700 Jahre dort lebenden »Mauren« absieht. Der Mudéjarstil ist unverwechselbar als positive Folge.

Aber für Teresa? Zwar wies ich schon auf das »Maurische« ihrer Palastbeschreibung mit Gärten, Springbrunnen und labyrinthischen Wandelgängen hin (s. o., S. 68). Auch darf bei ihr der Palast oder die Burg aussehen wie ein Diamant oder eine orientalische Perle (vgl. 1 M 1,1 und 1 M 2,1). Aber eine direkte Nähe zu den islamischen Mystikern, den Sufis, wäre unerklärlich.

Um einen solchen Einfluss dennoch zu beweisen, veröffentlichte 1985 Professor López Baralt folgenden Traktat in spanischer Übersetzung: den »Maquamat« des Abul Hassan al Nuri aus Bagdad, der seine sieben Schlösser konzentrisch um den Mittelpunkt der »mystischen Erkenntnis Gottes« legt. Das Werk stammt aus dem 9. Jahrhundert[68].

Zunächst überrascht die Übereinstimmung mit Teresa. Allerdings muss man wissen, dass das Schloss oder die Burg sowohl in der morgenländischen wie in der christlichen Kultur ein verbreitetes Seelensymbol ist. Teresa konnte davon lesen bei Osuna oder bei dem von ihr ebenfalls geschätzten Bernardino de Laredo, ebenso in jüdischer Mystik, dem »Heckhalot«, falls sie dergleichen im Hause ihres belesenen Onkels Pedro gefunden hatte.

Dass Gott, wenn man ihn im Herzen sucht, im absoluten Mittelpunkt zu finden ist, versteht sich von der Symbolik her ebenfalls von selbst. Dabei legte Teresa ihre Burgen oder Wohnungen nicht einfach nur kreisförmig, sondern kugelförmig um die Mitte. López Baralt verweist darauf, dass »maquam« Wohnung bedeutet. Aber die »Wohnungen im Hause des Vaters« sind Teresa schon aus dem Johannesevangelium[69] bestens vertraut, sie verweist mehrfach darauf.

Die Begrenzung ihrer unendlichen Zahl auf die ganz besondere Sieben ist zum einen notwendig, weil es sich um den Nachweis von Gebetsstufen handelt. Zum anderen bietet sich die Sieben für einen christlichen Läuterungsweg an durch die sieben Todsünden und sieben Tugenden, die sieben Sakramente, die sieben mal siebzig Vergebungen, die Jesus empfiehlt. Im Alten Testament sieben Schöpfungstage, der Sabbat am heiligen siebenten Tag. In der Apokalypse beherrscht überhaupt die Zahl Sieben alle großen Visionen. Allgemeiner bekannt sind dann noch die sieben Planetenbahnen, sieben Himmel des Aufstiegs vor der Vollendung im achten, vier mal sieben Wochentage für die Mondphasen – nein, Teresa musste nicht ins islamische 9. Jahrhundert zurück, um Gottes Einwohnung an siebenter Stelle zu finden. Auch ist ihre ethische, religiöse und mystische Rangordnung innerhalb dieser Siebenzahl eine andere als bei Nuri aus Bagdad. Vor allem geht es in dem Sufiwerk um ein stetiges inneres Voranschreiten des Mystikers in Glauben und Gotteserkenntnis, um ein Bemühen zum immer Besseren. In Teresas Werk dagegen ist von der vierten Wohnung an Gott der Handelnde, ja, der Alleinhandelnde. Da spielt nun alles auf anderen Ebenen in unvorhersehbarer Atmosphäre.

Es wird wohl klar: die »Innere Burg« ist keine Nachahmung eines verdienstvollen islamischen Werkes. Natürlich verwendet Teresa als Bausteine bekannte Symbole – aber eben doch in der nur ihr eigenen und das Abendland faszinierenden Weise.

Annehmbar scheinen dagegen einige Sufi-Einflüsse auf Johannes vom Kreuz, ganz zu schweigen von Ramon Llull[70], der bewusst islamische Kultur nachahmte, weil er Verstehensverbindungen für seine Mission schaffen wollte.

Was aber das allerletzte Läuterungsgeschehen bei Teresa und Johannes angeht, so ist es außerordentlich verschieden. Zwar greift auch Johannes, der aus Vorsicht nie zitiert, auf Osuna mit seinem Nichtdenken und auf die Mystische Theologie mit ihrem Nichtwissen zurück. Aber die unerlässliche Läuterung vor der Aufnahme in die Unio mystica, Teresas ereignisreiche sechste Wohnung, ist bei ihm die allertiefste Nacht, die Nacht des Unglaubens, die Gott zur Läuterung des Unbewussten verhängt. Nur ein Fünkchen Liebe bleibt erhalten, vom nicht mehr Glaubenden als Qual empfunden. In Wirklichkeit aber Chance der bevorstehenden Erleuchtung. Eine heute verständliche, ja, moderne Läuterungsansicht, uns zunächst näher als Teresas Läuterungen in der rund 80 Seiten umfassenden »sechsten Wohnung«.

Warum verweilt sie in der sechsten Wohnung viel länger als in allen anderen? Nicht nur wegen ihrer Bedeutung. Vor allem verfügt sie hier über unsagbar reiche und sie bedrängende Erfahrungen. Es ist ihr 1577 ein Bedürfnis, aus der Erinnerung hierüber zu berichten, wobei wieder das Wissen um die Sicherheit der latenten Präsenz ein wenig zurücktritt. Die inneren Bilder und Worte sind eben eindrucksvoll. Seit fünf Jahren lebt Teresa jetzt nach ihrem visionsgestützten Verständnis in der Gotteinung (s. o., bes. S. 30). Dem war eine Flut weiterer mystischer Phänomene vorangegangen, beschwerlich auf den Gründungsreisen, Grund zu übler Nachrede und von der Heiligen selbst teils als Gnade, mehr aber noch als harte Prüfung empfunden. Bat sie doch Gott immer wieder vergeblich, sie nicht in dieser Weise heimzusuchen. Die Bitte hatte zwei Gründe: Zum einen fiel die Heilige nicht gern auf, und Entrückungen, Ekstasen, Levitationen sind nicht zu übersehen. Wurde sie doch meist mitten im Leben oder zumindest nach der heiligen Kommunion davon überfallen, in der Öffentlichkeit also. Der zweite Grund für ihre Bitte um Schonung war noch persönlicher: Diese ganzen »Phänomene« bewiesen, dass sie der vollen Gottesnähe noch nicht gewachsen war. Es handelte sich nach häufig vertretener Meinung um ein Ausweichen ins Physische. Teresa konnte und durfte dem ganzen »Übernatürlichen« noch nicht gewachsen sein in der Prüfungszeit der »Verlobung«.

Der Bräutigam überhäuft sie zwar mit Geschenken, aber nach Gottes Art dienen diese nicht immer der Freude, sondern vor allem dem sich Klarwerden über die eigenen Unvollkommenheiten. Damit ist also auch Teresa in ihrer Läuterung nicht so sehr weit, wie es scheint, vom Wesen der Läuterungen des Johannes vom Kreuz entfernt. In beiden Fällen wird der ersehnte Gott zur Last. Bei Johannes durch das Zuwenig, bei ihr durch das Zuviel, das kaum jemand nachvollziehen kann.

So stehen wir Heutigen in der sechsten Wohnung vor einer schwer zugänglichen Teresa, gäbe es nicht zwischen all den erstaunlichen »Phänomenen« die sehr vernünftigen Reaktionen der Heiligen. Wenn man mystische Erfahrungen an ihren Wirkungen messen kann, so waren diese sehr gut.

Vor allem nämlich führen die »übernatürlichen« Erfahrungen zu Demut, denn es ist klar, dass sie etwas Großes sind, das man sich nicht selbst verschaffen kann. Demut ist für Teresa etwas ganz anderes als Bescheidenheit. Sie fragt, warum die Tugend der Demut vor Gott so wichtig sei, und sie antwortet selbst:

»Weil Gott höchste Wahrheit ist, ist Demut nichts anderes als Wandeln in dieser Wahrheit. Denn es steht fest, dass wir nichts Gutes haben aus uns selber, sondern Elend und nichts sind. Und wer das nicht versteht, wandelt in Lüge.« (6 M 10,7)

Sie betont ihren Töchtern gegenüber, dass wir dieses Wissen nie verlieren dürfen. Wie jetzt überhaupt in ihrem Bewusstsein Wissen, Erkenntnis, Verstehen einen immer wichtigeren Raum einnehmen. Das gilt gerade auch dann, wenn die »übernatürlichen« Erfahrungen sehr heftig waren.

Wieder kommt sie in diesem Werk auf die »Herzdurchbohrung« (s. o., S. 31 f.) zurück. Aus der Mitte der Burg, vergleichbar den Sonnenstrahlen, treffen sie feurige Pfeile und durchbohren sie – Sinnbilder eines überwältigenden Liebens. Das Feuer spielt nun wieder eine große Rolle, es setzt bildhaft und symbolisch in allen ihren Werken ein, wenn sie von der Gnadenfülle (Wasser) zum Wachsen der Liebe (Feuer) übergeht. Feuer und Wasser vereinigen sich schon in der Autobiographie manchmal in einem einzigen Absatz.

Hier nun in der sechsten Wohnung bereiten die feurigen Pfeile eine »süße Qual«. Diese ist so stark, dass mit dem Herausziehen des Pfeils das ganze Innere mitzugehen scheint. Das ist ein so tiefer Eingriff in das Leben, dass er Todessehnsucht weckt (vgl. 6 M 2) – Sehnsucht, keinen Augenblick mehr von Gott getrennt zu sein.

Zudem: Solche alles Normale weit überschreitenden Erfahrungen bedürfen für die immer feinfühliger werdende Seele eines Schutzes, anders wären sie vernichtend. Dieser Schutz ist die mit oder nach der Erfahrung geschenkte geistige Klarheit. Teresa erkennt ihren Ursprung:

»Hier braucht man sich nicht zu fragen, ob es nur unserer eigenen Natur entstammt, von einer Depression verursacht ist oder gar vom Teufel, sofern es sich nicht als Wunschdenken erweist. Nein, es lässt sich ganz klar erkennen, dass dieses Geschehen vom Herrn kommt, der unveränderlich ist. Sind doch die Wirkungen sehr anders als bei anderen Gebetserfahrungen, wo die selige Versenkung uns zweifeln lassen könnte. Hier sind alle Sinne und Fähigkeiten völlig frei von Versunkenheit, ganz aufmerksam auf das, was geschieht, ohne die glück-

selige Pein zu stören, ohne sie mehren oder beenden zu können.« (6 M 2,9)

Ebenso kann man sich Einsprachen Gottes nicht entziehen, sie
sind absolut unüberhörbar. Man muss nicht fürchten, sie in seiner
Geschäftigkeit zu verpassen. Das gilt auch für neue Zustände aus
dem Schatz der mystischen Phänomene. Zum Beispiel kann Gott
mit einem Wort die Seele so anrühren, dass sie sich augenblicklich
läutert und er sich mit ihr für kurze Zeit vereinigen kann, ohne
dass es irgendjemand wahrnimmt. Aber für Teresa bedeutet es
Neues:

>»Nach meiner Erfahrung war dabei die Seele noch nie so wach
für die Dinge Gottes, noch nie so erleuchtet in der Erkenntnis
seiner Majestät.« (6 M 4,4)

Erleuchtung, Licht und Feuer hängen eng zusammen, und mehr
noch als dem taumelnden Schmetterling gleicht die Seele jetzt
dem Vogel Phönix, der im Liebesfeuer verbrennt, um neu zu er-
stehen.
   Dafür muss sich die Todessehnsucht jedoch wandeln. Es geht
Teresa ja auch darum, am eigenen Beispiel zu zeigen, was einer das
Gebet pflegenden Frau möglich ist – in einer Zeit, da man Frauen
für eine mindere Menschengattung hält. Sie bittet für ihren eigenen Erfahrungseinsatz:

>»Deine Größe erscheine an einem so niederen und weiblichen
Ding, damit die Welt erkenne, wie dieses nichts von alldem aus
sich selber hat, und dich dafür preisen möge.«[71] (6 M 6,4)

Dieser Wunsch aus der sechsten Wohnung kehrt in der siebenten
mehrfach wieder, ja, er wird immer deutlicher. Obwohl – und das
ist das Neue – die vertrauten mystischen Phänomene jetzt auf-

hören. Die Gottesnähe wird nun ertragen. Teresa schreibt im Einleitungskapitel zur siebenten Wohnung:

»Große Barmherzigkeit hat Gott uns erwiesen, indem er diese Dinge jemandem[72] mitteilte, auf dass sie uns bekannt würden. Denn je mehr wir erfahren, dass er sich den Geschöpfen mitteilt, umso mehr können wir seine Größe preisen und uns ermutigen, die Seelen nicht gering zu schätzen, an denen der Herr seine Freude hat. Jede von uns hat eine solche Seele, aber da wir sie oft nicht so schätzen, wie es einem Geschöpf zukommt, das nach dem Bilde Gottes geschaffen wurde, erkennen wir auch nicht die großen Geheimnisse, die sie in sich birgt.

Wolle seine Majestät mir die Feder führen, so dass ich mich darauf verstehe, euch ein wenig zu sagen von dem vielen, das hier zu erklären wäre und das Gott dem zu verstehen gibt, den er in diese Wohnung einlässt. Ich habe seine Majestät so sehr darum angefleht, denn er weiß, dass es meine Absicht ist, seine Barmherzigkeiten aus der Verborgenheit zu holen, damit sein Name immer mehr geheiligt und gepriesen werde.«

Das ist der Kontrapunkt zu den wenigen und neuartigen und großen Visionen, die in der siebenten Wohnung den Stand der »Vermählung« oder *Unio mystica* einleiten. Teresa empfindet sie als etwas völlig anderes als das bisher Bekannte. Auch sind sie nicht vorübergehend, sondern im Innern bleibend wie eine unsichtbare Präsenz. Echt also. Die Heilige berichtet es genau: Zuerst kam »die heilige Menschheit Christi«, dann wurde die ganze göttliche Trinität erfahren – Letztere unbildlich und doch überdeutlich im tiefsten Innern. Christus dagegen zeigte sich zwar zunächst noch bildhaft, damit die Seele genau erfasse, welch eine Gnade ihr zuteil wird. Das war, so meint Teresa, ja eigentlich nichts Neues. Aber sie nimmt dann die Erfahrung so in sich hinein, dass sie der latenten Präsenz gleichkommt.

Neu scheinen auch die Worte, es sei nun an der Zeit, dass sie sich um seine Dinge kümmere und er für die ihren sorge (vgl. 7 M 2,1). Vor allem aber wird der seelische »Ort«, wo Christus als Auferstandener erscheint, anders als früher erlebt. Alles spielt sich ab in einer nie gekannten Tiefe oder in der bisher noch nicht erfahrenen absoluten »Mitte« der »geistlichen Vermählung«. Diese unterscheidet sich von der »Verlobung« der sechsten Wohnung durch ihre Untrennbarkeit. Gleichnisse machen das deutlich. Die schon erfahrenen einfachen Vereinigungen waren so, als halte man die Flamme zweier brennender Kerzen zusammen. Sie bilden eine einzige Flamme, solange man sie nicht wieder trennt. Nun aber, in der »Vermählung«, ist es anders:

»Das ist, als fiele Wasser vom Himmel in einen Fluss oder einen Quell, da gibt es dann nichts als Wasser, man kann nicht mehr unterscheiden, was als Regen vom Himmel kam und welches Wasser dem Fluss zugehört. Oder als wenn helles Licht aus zwei Fenstern in ein Zimmer fällt. Obwohl es getrennt eintritt, kann man es doch nicht mehr unterscheiden.« (7 M 2,4)

Die Heilige hat also ihre geistlichen Vermählungsvisionen von 1572 und 1575 inzwischen souverän verarbeitet und vertieft. Die literarische Umgestaltung sagt mehr als die ersten spontanen Visionsberichte. Christus erscheint in einer neuen inneren Qualität.

Dreifaltiges Feuer

Wenn es aber um die eigentliche Erfahrung der Aufnahme in die Unio mystica geht, so wird jetzt Teresa recht objektiv theologisch. Wie im Johannesevangelium ist es die Heilige Dreifaltigkeit, die sie in ihrer allertiefsten, bisher verschlossen gebliebenen Mitte erfährt. Sie betont dabei, dass Gott sie nicht mehr »versenken«, sondern vielmehr ihr Verstehen fördern will. Man muss einmal Teresas Bericht fast ungekürzt auf sich wirken lassen, schließlich ist es die wichtigste innere Erfahrung ihres Lebens:

> »Wenn es dann seiner Majestät gefällt, ihr die Gnade der erwähnten göttlichen Vermählung zu erweisen, holt er sie zunächst in seine Wohnung. Und nun wünscht seine Majestät, dass es anders sei als früher, wenn er sie in Ekstasen entrückte [...]. Unser guter Gott will ihr nun die Schuppen von den Augen nehmen, damit sie etwas von der Gnade, die er ihr erweist, sehe und verstehe, wenn auch auf ungewöhnliche Weise. In dieser Wohnung führt er ihr die Wahrheit mittels einer geistigen [bildlosen] Vision vor Augen. Er zeigt ihr die Heilige Dreifaltigkeit, alle drei Gestalten, in einem Lodern, das zunächst wie eine ganz lichte Wolke ihren Geist überlagert. So macht die Seele die wunderbare Erfahrung, dass diese drei Personen verschieden und doch nur eine Wesenheit sind, eine Macht, ein Wissen und ein einziger Gott. Was wir durch den Glauben kennen, versteht sie hier in einer Schauung, so dürfen wir sagen, wenn auch in keiner bildhaften[73], denn weder die Augen des Leibes noch der Seele sind hier beteiligt, weil die Vision keine imaginäre ist. So nun teilen sich ihr alle drei Personen mit, sprechen zu ihr und lassen sie die Worte des Herrn im Evangelium verstehen: Er werde kommen mit dem Vater und dem Heiligen Geist, um Wohnung zu nehmen in der Seele, die ihn liebt und seine Gebote hält[74].
>
> O helfe mir Gott! Welch ein Unterschied ist es doch, ob man diese Dinge [nur] hört und glaubt oder ob man in dieser Weise erfährt, wie wahr sie sind! Diese Seele gerät jeden Tag mehr ins Staunen, weil ihr scheint, dass die drei Personen sie niemals mehr verlassen, dass sie ganz offensichtlich in der erwähnten Weise[75] wahrnimmt, wie sie im Inneren der Seele sind, im Al-

ler-allerinnersten. Sie spürt diese göttliche Gesellschaft in einer solchen Tiefe, dass sie nichts darüber zu sagen vermag, zumal sie keine Gelehrsamkeit besitzt. Ihr könntet meinen, dass demzufolge die Seele nicht bei sich sei, sondern so versunken, dass sie nichts mehr verstehen kann. Ganz im Gegenteil! Sie ist im Dienste Gottes viel aufmerksamer als zuvor. Sonst aber frei von Tätigkeiten, weilt sie in dieser willkommenen Gesellschaft.« (7 M 1,1–8)

Und wenn auch diese Gegenwart der göttlichen Dreifaltigkeit nicht ständig in aller Realität spürbar sein darf, weil man dann sein irdisches Leben nicht mehr fortführen könnte, bleibt doch das Bewusstsein von der latenten Anwesenheit, etwa so, als wenn man mit einer Person in einem so dunklen Raum weilt, dass man sie nicht sieht, aber ihre Gegenwart spürt. Gott sorgt dann dafür, dass sie dieses »sehr verständig verstehe« (7 M 1,9).

Die Heilige schenkt in ihrem Bericht dem Lodern des dreifaltigen Feuers und seiner Erscheinung als lichte Wolke keine weitere Beachtung, sie ist zu sehr damit beschäftigt, ihre »Töchter« seelisch zu bearbeiten.

Das Feuer wirft aber sein Licht auf all die vielen früheren Feuererfahrungen, die sich, wie schon gezeigt, gern mit den Wasserbildern abwechselten, ohne dass das eine das andere vernichtete. Manche der Feuervisionen Teresas könnten anregend gewesen sein für Johannes vom Kreuz beim Verfassen seines letzten und schönsten Werkes, der »Lebendigen Flamme der Liebe«[76]. Ein Liebesfeuer, das von Gott ausgeht, das aber der Mensch als sein eigenes zurückgeben kann, denn dafür wurde er von Gott geschaffen. In dieses Geschehen der Liebe zwischen Gott und Mensch oder richtiger: zwischen dreifaltiger und menschlicher Liebe wird dann als notwendige Folge der Mitmensch einbezogen.

Aber zunächst einmal hat es der katholische Christ mit der Betrachtung des Feuers nicht leicht. Denn da gibt es das Höllenfeuer, das Fegefeuer und das Liebesfeuer. Juan de la Cruz zeigt es als ein einziges Feuer, das dem Ungeläuterten schmerzhaft ist, dem Geläuterten aber gemäß seinem Fortschritt immer beseligender wird. Teresa sieht bald mehr das eine, bald das andere. Da sie eine gute Beobachterin ist, wird ihr die Liebesflamme zu etwas Besonderem, das aus dem Feuer heraustritt und in eigener Weise zum Himmel, also zu Gott, emporstrebt (vgl. R 5,10). Das Feuer kann aber auch ganz zahm und häuslich sein, wie das eines wärmenden Kohlenbeckens, in dem sie ihren Gott erkennt (vgl. 6 M 2,4). Vor allem aber dient ihr der zündende Funke für grandiose Bilder. Sie hatte wohl allerlei über den »Seelenfunken« gelesen, war sie doch vertraut mit wichtigen Werken der »Devotio moderna«, deren Haltung sie fortsetzte, intensivierte, modifizierte[77]. Seelenfunke, Fünklein, Scintilla animae und Apex mentis[78] – das alles hat etwas mit dem tiefsten Seelengrund jenseits aller gesonderten Fähigkeiten zu tun, wie ihn Teresa in der bleibenden Dreifaltigkeitsvison erfährt oder wie er ihr durch den feurigen Gottespfeil erschlossen wurde. Es ist klar, dass der Pfeil ein gewaltiges Feuer hervorruft, Gottes Liebesfeuer. Zugleich erzeugt er eine schmerzende Wunde, seligen Schmerz, denn dieses Feuer läutert.

So spricht auch Johannes vom Kreuz in der zweiten Strophe seiner »Liebesflamme« vom ursprünglichen Schmerz der Wunde, der sich nun in Seligkeit verwandelt. In interlinearer Prosaübersetzung:

»O gern ertragenes Brennen!
O innig empfundene Wunde!
O milde Hand, o zarte Berührung,
die nach ewigem Leben schmeckt
und alles Geschuldete vergilt:
Du verwandelst tötend den Tod in Leben.«[79]

Das ist die Fortsetzung von Teresas feurigem Pfeil, ist der anfängliche Sinn der Feuergleichnisse, ehe das gewaltige und den Geläuterten nicht mehr verzehrende Gottesfeuer ausbricht.

Teresa schrieb zu ihrem persönlichen Gebrauch die »Exclamaciones«, ihr Gebetbuch oder »Psalterium«[80]. Darin kommt sie noch einmal auf den großen Zusammenhang Feuer – Pfeil – Wunde zurück:

»O du wahrhaft Liebender! Mit wie viel Erbarmen, mit welch sanfter und zärtlicher Beglückung heilst du die Wunde, die du selbst mit deinem Pfeil verursachtest. Mit wie viel Recht sagt die Braut im Hohen Lied: ›Mein Geliebter ist mein und ich bin sein.‹ Denn eine solche Liebe kann unmöglich von einer Unzulänglichkeit wie der meinen ihren Ausgang nehmen. Du, mein wahrhaft Liebender, du hast diesen Liebeskrieg begonnen. Ach, meine Seele, welch wunderbare Schlacht hast du in diesen Kämpfen geschlagen, und wie buchstäblich erfüllt es sich so. Denn mein Geliebter ist mein und ich bin sein: Wer vermöchte zwei so flammende Feuer zu trennen oder zu löschen? Vergeblich wäre das Bemühen, denn beide sind eins geworden.«[81]
(E 16,1–4)

Es ist nun aber nicht so, dass das Leben in der Unio mystica paradiesisch wäre. Ganz und gar nicht. Der kleine Himmel der Seele ist eben doch etwas anderes als der große Himmel Gottes, zumindest, solange man noch auf Erden weilt. Teresa hat von den irdischen Bedingungen ihrer Unio mystica ein klares Bewusstsein: Man kann aus allem wieder herausfallen, wenn auch nur kurzfristig. Man erfährt innere Zweifel und Unordnung, und vor allem: man wird mehr denn je von Leiden heimgesucht – wenn auch das alles in der Unio mystica anders erlebt wird. Tief im Innern bleibt eine ruhige Stabilität. Aber die muss die Autorin der »Inneren Burg« den Schwestern nun doch erklären:

»Es wird gut sein, Schwestern, die Absicht zu nennen, mit der der Herr in dieser Welt so viele Gnaden gibt. Denn auch wenn ihr die Wirkungen schon verstanden habt, weil ihr Acht gabt, möchte ich es euch doch noch einmal sagen. Es möge bloß keine denken, es gehe nur darum, diese Seelen zu erfreuen, das wäre ein großer Irrtum! Denn Seine Majestät kann uns kein größeres Geschenk machen, als uns ein Leben in der Nachfolge Christi, seines geliebten Sohnes, zu geben. Und darum halte ich es für gewiss, dass diese Gnaden unsere Schwachheit stärken sollen, um, wie ich schon mehrfach sagte[82], ihm in großem Leiden nachfolgen zu können.« (7 M 4,4)

Mit Gott allein

Die Leiden Teresas in der Unio mystica hatten vor allem zwei Gründe: zum einen die schwindende Gesundheit, denn auch der Krebs, an dem sie starb, war unerkannt, aber nicht unbemerkt schon lange am Werk[83]. Dazu die weiteren häufigen Unpässlichkeiten. Und leider auch die abnehmende Geltung, die sie im wachsenden Orden hatte. Schon bei der Einrichtung einer spanischen Provinz wurde Teresa in allen offiziellen Reden und Schriftstücke nicht erwähnt. Es waren immer die geistlichen Herren, die sich alles zuschrieben (s. o., S. 63). Ausgenommen Pater Gracián, der in einem geschickten und liebevollen Schriftstück ihre Verdienste hervorhob: Geist und Erkenntnis, Takt und Witz, praktischen Sinn sowie fünfzig Jahre Erfahrung im geistlichen Leben, weshalb sie in den von ihr gegründeten Klöstern den Töchtern das wahre Licht vermitteln könne[84].

Aber sonst? Selbstherrlichkeiten einiger Priorinnen, Untreue geliebter Schwestern, Missachtung, wo sie Entgegenkommen erwartete – was alles sie meist schweigend überging. Teresa wird alt.

Doch ihr Leben ist mehr denn je von einer die Kräfte übersteigenden Aktivität geprägt. Wie sie es auch am Schluss der Siebenten Wohnung den Schwestern ans Herz gelegt hatte:

>O meine Schwestern! Wie wird die Seele, in der der Herr wohnt, ihre Ruhe vergessen, wie wenig wird sie auf ihre Ehre geben und wie fern ist sie allem Geltungsstreben! Denn wenn sie viel mit ihm zusammen ist, wie es ja doch sein soll, hat sie kaum noch die Möglichkeit, an sich selbst zu denken. All ihr Sinnen und Trachten richtet sich auf die Frage, wie sie ihm noch gefälliger sein und wodurch sie ihm ihre Liebe noch besser erweisen könne. Denn dafür ist das innere Gebet da, meine Töchter, und dazu dient diese geistliche Ehe: dass daraus Werke hervorgehen, Werke!< (7 M 4,6)

Nicht unbedingt große Werke, sondern ein mit Liebe vollbrachtes Tun. Nicht mit dem Wunsch, gleich der ganzen Welt dienen zu wollen, sondern den nächsten Menschen im Nächstliegenden.

Teresa tat diesen Dienst mit weiteren Klostergründungen und in zahllosen Briefen. Noch vier Gründungen nach Fertigstellung der »Inneren Burg«. Eine fünfte in Granada delegiert sie an Johannes vom Kreuz und die hochbegabte Ana de Jesús, der Weg nach Andalusien ist jetzt zu weit. Allerdings unternimmt sie als letzte Gründung, die an Beschwerlichkeit alle anderen übersteigt, die in Burgos mit Pater Gracián, dem Provinzial.

Die Heilige wiederholt mehrfach, wie sich in ihrem Innern Wesentliches verändert hat. Die Visionen und Ekstasen haben aufgehört. Wohl, weil die unmittelbare Gottverbindung zur Normalität geworden ist. Sie weiß es selbst am besten:

»Die Seele hat ihre Eigensucht so vergessen, dass es scheint, als habe sie einen Teil ihres Seins schon verloren, in solcher Selbstvergessenheit lebt sie. Die Bußwerke und frommen Wünsche haben, so scheint mir, nicht mehr die frühere Kraft, und selbst wenn sie groß sind, ist doch der schlichte Wunsch, nichts anderes zu tun als Gottes Willen, noch größer. Die bildhaften Visionen haben ganz aufgehört, aber die bildlose unmittelbare Erkenntnisvision der Heiligen Dreifaltigkeit mit der Menschheit Christi ist zum Dauerzustand geworden.

Mir ist, als lebte ich nur noch, um zu essen, zu schlafen und mir um nichts mehr Sorgen zu machen[85]. Mich erfüllt nichts als grenzenlose Liebe zu diesem Gott, die, wie mir scheint, immer noch wächst, und die Sehnsucht, dass alle ihm dienen mögen. Nichts steht mehr in meiner Hand. So ist es fast immer, außer in den Zeiten, in denen die schwere Krankheit mir sehr zusetzt. Denn manchmal will Gott, dass ich ganz ohne inneren Trost leide. Aber nie, auch nicht in einer ersten Regung, möchte mein Wille etwas anderes, als dass Gottes Wille geschehe. Diese Hingabe in mir hat solche Kraft, dass Tod und Leben bedeutungslos werden, ausgenommen die kurzen Augenblicke, in denen ich Gott schauen möchte. Aber dann wird das Bewusstsein der Gegenwart der drei göttlichen Personen so stark, dass alles Leiden der Gottesferne zurücktritt und nur noch der Wunsch bleibt, nach seinem Willen zu leben, ihm immer besser zu dienen und ihm, wenn möglich, eine weitere Seele zu gewinnen, die ihn durch meine Vermittlung liebt und preist. Dieses, auch wenn mir dafür nur wenig Zeit gegeben ist, bedeutet mir mehr als alle Herrlichkeit des ewigen Lebens.«[86] (R 6)

Diesen Text hat sie etwa ein Jahr vor ihrem Tod geschrieben, also 1581. Im Januar 1582, bei Temperaturen nah dem Gefrierpunkt, ständigem Regen und Wind, tritt sie ihre Reise nach Burgos an – sie hätte es lieber erst im Frühjahr getan. Aber die Gründungsumstände in Burgos erfordern die Abreise, und der besorgte Gracián begleitet sie. Das ist gut nach einer langen Zeit durchlittener Einsamkeit.

Diese Einsamkeit bekundet sich deutlich in den Briefen. Teresa macht aus ihrem Herzen keine Mördergrube, und gleich nach Jesus Christus kommt, wie schon früher in den Visionen, Pater Jerónimo Gracián. Sie schreibt ihm von Ávila aus am 10. Juni 1579, also zwischen Toledo und der Burgosreise:

»Ach, ich fühle mich einsamer an jedem Tag, den Sie so weit fort sind, wenn mir auch der Pater Josef [Deckname für Jesus Christus in persönlichen Briefen] immer nah zu sein scheint. So verbringe ich das Leben gebührend ohne weltlichen Trost und in ständigem inneren Schmerz. Sie selbst, mein Pater, scheinen schon gar nicht mehr auf Erden zu weilen, so gründlich hat der Herr Sie von allen Versuchungen und Bindungen befreit.«[87]

Sie schreibt, genau zwei Jahre vor ihrem Tode, dem Pater auch »durch die Blume«, dass sie betrübt sei, weil er ihr die Liebe schlecht vergelte. Und aus Palencia, wo sie gründete, kommt am 22. Mai 1581 die Klage:

»Ja, ich muss Ihnen sagen, Pater, mein Fleisch ist schwach, und so bin ich trauriger geworden, als mir lieb ist. Es war wirklich schlimm. Sie hätten doch Ihre Abreise wenigstens bis zu unserem Umzug verschieben können. Acht Tage hätten doch nichts ausgemacht! Eine ziemliche Einsamkeit haben Sie hier zurückgelassen.

Es ist wahr, ich schreibe Ihnen wenig Erfreuliches. Ich bin dazu nicht aufgelegt. Mir gereicht alles zum Überdruss, denn schließlich hat meine Seele niemanden mehr, der sie tröstet und leitet.«[88]

Ruhe und Friede, so meint sie am Schluss des Briefes, könne ihr nur Gott »wiedergeben« oder jemand, der sie so verstehe wie der

Pater. Seine Abwesenheit und alles Übrige werde nun zu einem schweren Kreuz, wie sie es niemandem wünschen möchte.

Zum Glück ahnt sie nicht, wie es ihm später ergehen wird (s. o., S. 62). Oder doch ein wenig, da sie sich ständig um ihn sorgt, als sei er ein Kind? Von großem Ärger kündet der Brief an seinen späteren Nachfolger und Todfeind, dessen Neid und Hass er den Hinauswurf aus dem Orden und alle existentiellen Bedrohungen[89] verdanken sollte: Nicolás Doria[90], ein ehemaliger Bankier aus Genua, den die ständig in Geldgeschäfte verwickelte Teresa gern in ihre Kongregation aufgenommen hatte. Aber dann ereignete sich Folgendes:

Doria wurde auf dem Kapitel von Alcalá de Henares Gracián als »Definidor« beigegeben, wie es bei solchen Ämtern üblich war. Wegen »wichtiger Aufgaben« trennten sie sich dann, im Grunde »konnten« sie nicht miteinander, nicht der gutartige »Wissenschaftler« mit dem intriganten »Bankier«. Gracián hatte Doria nun zum Prior von Pastrana bestimmt, Doria sträubte sich und legte der Mutter Teresa unter dem Schein der Unwürde brieflich dar, dass er sich zu einem solchen Amt nicht eigne. Sie antwortete ihm Ende März 1582 aus Burgos:

»Ich habe mich sehr erbaut an der Demut, die Sie in Ihrem Brief bekunden. Aber ich habe in keiner Weise die Absicht zu tun, was Sie mir darin nahe legen. Sie müssen leiden lernen. Wissen Sie, mein Pater, aller Anfang ist schwer, und so wird es jetzt auch bei Ihnen sein.

Was Sie mir über die schlimmen Folgen sagen, die die Gelehrsamkeit mit sich bringt, so wäre es ein großes Übel, wenn diese sich bei Leuten einstellen würden, die noch so wenig Gelehrsamkeit besitzen. Es wäre besser, es gäbe bei uns gar keine Gelehrsamkeit, wenn sie so bald schon mit solchen Ansprüchen hervortritt.

Die Kunst, andere gut zu leiten, besteht, mein lieber Pater, nicht darin – und Sie dürfen überzeugt sein –, dass man beständig seine Armseligkeit vor Augen hat. Man muss sich vielmehr oft selbst vergessen und sich erinnern, dass man Gottes Stelle vertritt, um seine Pflicht zu tun. [...] Lassen Sie sich nicht hinreißen zu einer unangebrachten Demut und unterlassen Sie nicht, unserem Pater [Gracián] alles zu schreiben, wie Sie es sich denken.«[91]

Nun, für diesen geharnischten Brief hat sich Doria später gründlich an Gracián gerächt! Teresa aber musste auf der Reise nach Burgos schwerste Strapazen und Gefahren überstehen, wie das Steckenbleiben der Wagen im Schlamm oder die Überquerung des Flusses bei Burgos mit der von ihrem Wagen angeführten Kolonne, obwohl die Brücke über den Hochwasser führenden Hormazas, einen Nebenfluss des Arlanzón, von den Fluten überspült und nicht mehr sichtbar war! Das Gottvertrauen der Mutter besiegte alle Ängste, die Mitreisenden vertrauten auf sie.

Die Gründung zog sich denn auch »endlose« sieben Monate hin, der Erzbischof stand nicht zu seinem Wort, und als dann doch alles fertig und schön war, trat der Fluss Arlanzón über seine Ufer und überschwemmte das neue Haus!

Teresa hält bei alledem wacker durch, der diplomatische Gracián tut sein Bestes, bis ihn wieder andere Schwierigkeiten in den Süden rufen. Teresa bleibt in Burgos, bis alles normal »läuft«. Aber sie klagt auffallend viel – stärker als früher – über körperliche Leiden. Sie bemüht sich, alles von der besten Seite zu nehmen.

»Es ist meiner Ansicht nach nicht schlimm«, schreibt sie im Mai 1582, »wenn Gott uns mitten im Glück irgendeine Widerwärtigkeit schickt. Denn das ist der Weg, den er alle seine Auserwählten führt« (Brief an Diego de Montoya in Rom, Anf. April 1582).

Von der Burgosreise sagte sie schon zu den Vorbereitungen,

»dass ich so verstört und pessimistisch war, dass ich mich oft bei unserem Herrn beklagte, wie sehr doch die Seele durch die Krankheit des Körpers beeinträchtigt werde. So dass man scheinbar völlig seinen Gesetzen unterworfen ist, ganz entsprechend seinen Bedürfnissen und Notwendigkeiten. Zu den großen Leiden und Miseren dieses Lebens scheint es mir zu kommen, wenn der Geist nicht mehr die Größe besitzt, es zu beherrschen. Denn sich elend zu fühlen und große Schmerzen zu haben ist zwar ein Leiden, aber es bedeutet mir nichts, wenn die Seele auf ihrem Posten ist, Gott preist und dabei betrachtet, wie das Leiden aus seiner Hand kommt. Wenn sie aber zu solchem Tun unfähig ist und nur leidet, so ist das schrecklich. Besonders, wenn die Seele bisher ganz von dem Wunsch getragen war, sich innerlich wie äußerlich unermüdlich im Dienste Gottes einzusetzen. Da kann ihr denn nichts mehr helfen als Geduld und Anerkenntnis ihres Elends und Ergebung in Gottes Willen, der sich ihrer bedienen wird, wozu und wie er will.« (F 29,2–3)

Aus den Berichten ihrer Pflegerin Ana de Jesús lässt sich ahnen, wie sehr Teresa in Burgos von ihrem Krebsleiden beeinträchtigt war. Man schiebt die unerfreulichen physischen Erscheinungen auf die Anstrengungen der Reise. Und eine innere Stimme sagte der Kranken: »Teresa, bleibe stark!« So hielt sie durch, bis ihr die gleiche innere Stimme nach der Kommunion sagte: »Was zweifelst du? Es ist doch alles getan. Du kannst jetzt sehr wohl gehen« (F 31,49).

Teresa versteht das so, dass Gott weiterhelfen werde, und setzt ihren Abreisetermin fest, zumal sie meint, sie werde im Kloster nur noch eine Belastung sein. Eigentlich wollte sie zunächst nach Ávila, um auszuruhen, ehe sie sich wieder aufmachte nach Salamanca und Alba de Tormes, wo es reichlich Zwistigkeiten gab und sie »nach dem Rechten sehen« wollte. Auch Gracián hatte Ruhe in

Ávila angeordnet. Aber dann kam der Gegenbefehl seines Vertreters in Kastilien, Antonio de Jesús. Die Herzogin von Alba wünschte die befreundete Teresa in ihrer Nähe, weil die Geburt eines Enkelkindes bevorstand, die man aus physischen und politischen Gründen fürchtete[92].

Die Nachricht erreichte Teresa in Valladolid, wo sie von der Priorin Maria Bautista, einer Verwandten, wegen familiärer Erbstreitigkeiten vor die Tür gesetzt wurde. Sie hatte dieses Kloster 1568 gegründet. Nun rief man ihr nach, sie möge nie wieder versuchen, einen Fuß über die Schwelle zu setzen!

Sie war, wie Ana de San Bartolomé berichtete, tief verstört und machte sich nun, es war der 15. September 1582, gehorsam auf den Weg nach Alba. In Medina gab es wieder Ärger mit der Priorin, der eine kranke Gründerin lästig war. Endlich, am 20. September, kam Teresa in Alba de Tormes an. Sie war so erschöpft, dass sie sofort in die für sie reservierte Zelle ging und sich niederlegte. Nur Ana de San Bartolome und ihre Nichte Teresita, Tochter des verstorbenen »peruanischen« Bruders Lorenzo, die die Ordensmutter schon vor Jahren zu sich genommen hatte, waren bei ihr. Ihre leibliche Schwester Juana besuchte sie, die jüngste, an deren Geburt ihre Mutter gestorben war. Auch kam die Herzogin von Alba, um bei der Pflege zu helfen. Die neue Priorin des Klosters, Inés de Jesús, erschien dagegen nicht. Sie war noch jung und hatte sich anlässlich ihrer Wahl über die ungeschminkten Ratschläge der Mutter geärgert. Nun schleppte sich die todkranke, in ihrer Zelle isolierte Heilige zunächst noch morgens zur Kommunion. Schließlich aber befahlen ihr der Arzt und die körperlichen Leiden, ganz im Bett zu bleiben. Sie empfing die Sterbesakramente vom Pater Antonio de Jesús, der herbeigeeilt kam. Pater Jerónimo Gracián war noch immer fern.

Am Abend des 4. Oktober beendete ein nicht enden wollender Blutsturz dieses sich für Gott verströmende Leben. Das Ende war friedlich, Teresa hatte ihren Kopf in die Arme der Pflegerin gelegt. Letzte Worte? Gewiss ist wohl das stille Flüstern des Psalms 51:

»Ein zerbrochenes und zerschlagenes Herz wirst du, Gott, nicht verschmähen« (V. 19), immer wieder während der letzten Tage. Dann, viel und nachdrücklich berichtet: »Ich bin eine Tochter der Kirche«. Ein frommes Wort? Oder eines der Verteidigung? »Ich bin eine Conversa – eigentlich hatte ich kein Recht, in den Karmelitenorden einzutreten. Aber schließlich bin ich doch eine Tochter der Kirche.«

Am überzeugendsten ist vielleicht die Vision, von der Pater Gracián nach ihrem Tode heimgesucht wurde[93]. Die heilige Teresa erschien ihm, um zu sagen, es sei ihr Herz gewesen, das das Übermaß der Gottesliebe nicht mehr ertragen konnte[94].

LEBENSLEISTUNG
GOTTGELENKTEN HANDELNS

Was Teresa verschwieg

Kann man die Biographie[1] eines Menschen schreiben, der selbst eine weltberühmte Autobiographie verfasste? Wohl kaum, es sei denn ... Ja, ein solches »Es sei denn« muss sich auch Teresas erster Herausgeber, der große Renaissancedichter und Theologe Fray Luis de León, gesagt haben. Denn dieser Augustinermönch litt nicht an Überheblichkeit, aber er versuchte es dennoch. Versuchte die Biographie zu schreiben, bis ihm nach einigen Seiten der Tod die Feder aus der Hand nahm! Soll man nun sagen: »Gott sei Dank«? Denn diese Seiten wirken nur wie eine Nacherzählung. Oder soll man sagen: »Wie schade«? Denn das Leben der Teresa überstieg ja das von ihr selbst Berichtete um 19 allerwichtigste Jahre, in denen sich erst ihre eigentliche Reformerin- und Heiligenkarriere entfaltete. Doch so weit ist ja Luis de León, dieser selbstlose Verehrer der Teresa de Jesús, nicht mehr gekommen. Auch kannte er sie nicht einmal persönlich, schrieb er doch im Vorwort seiner Edition von 1588: »Ich habe die Mutter Teresa zu ihren Lebzeiten weder gesehen noch kennen gelernt.« Dennoch aber, so meinte Fray Luis, kenne er sie gut, nämlich sowohl durch ihr Wirken wie aus ihren Werken.

Zum Wirken sagte er: »So ist es wirklich etwas ganz Neues und Unerhörtes, dass eine schwache Frau den Mut zu so großen Unternehmungen aufbrachte. Und dass sie dabei so weise und geschickt vorging, dass sie die Herzen aller gewann, die ihr begegneten. So konnte sie diese Gott zuführen. Sie zog ganz einfach die Menschen hinter sich her, selbst gegen die Schwachheit der sich sträubenden Natur«.

Und zu den Werken sagte dieser Gelehrte: »In der Bedeutung

ihrer Gegenstände wie in dem Feingefühl und der Klarheit der Behandlung übertrifft sie viele berühmte Männer. Ja, ich frage mich, ob es in unserer Sprache Werke gibt, die es dem ihren gleichtun hinsichtlich der Sprachgebung, der Reinheit und Leichtigkeit ihres Stils, der Anmut ihrer wohlgesetzten Worte, der ungekünstelten Eleganz, die aufs Höchste entzückt. Immer wenn ich in diesen Büchern lese, verwundere ich mich aufs Neue und oft scheint es mir, als vernähme ich hier mehr als den Geist eines Menschen. Ich halte für sicher, dass an vielen Stellen der Heilige Geist aus ihr spricht, der ihr Hand und Feder führt. Das wird offenbar an dem Licht, mit dem sie Dunkles erhellt, und durch das Feuer, das sie mit ihren Worten im Herzen des Lesers entzündet.«[2]

Gewiss also wusste Fray Luis, was er tat. Er wollte mehr behandeln als das von Teresa Erzählte, gab er seiner Biographie doch den Titel: »Vom Leben, Tod, den Tugenden und Wundern der heiligen Mutter Teresa de Jesús«. Ja, er schrieb tatsächlich schon *Santa Madre Teresa*, 26 Jahre vor ihrer Seligsprechung und 34 Jahre vor ihrer Kanonisierung, aber noch nicht einmal sieben Jahre nach ihrem Tod! Und sind die zwanzig Seiten, die Magister, das heißt Professor Luis de León nur zu schreiben vergönnt waren, wirklich so nichts sagend? Ich finde darin die Andeutung: »Wenn sie auch über sich selbst schrieb, was für ihre Beichtväter, die ihren Geist überprüfen sollten, von Bedeutung war, schrieb sie doch nicht alles. Und manches verbot ihr auch die Bescheidenheit zu sagen.«[3]

Nur die Bescheidenheit? Wir Heutigen wissen, dass Teresas Autobiographie keineswegs so spontan und ungeschminkt ist, wie es ihr Stil vermuten lässt.[4] Wie wäre das auch möglich bei einem Lebensbericht, der, wie Teresa selbst erzählt, sie schließlich veranlasste, einen Inquisitor um Rat zu fragen (s. o., S. 36).

Dieses Gespräch fand um die Jahreswende 1562/63 statt. Teresa hatte im Oktober 1560 die erste ihrer »Cuentas de conciencia« oder »Relaciones« geschrieben, diese Berichte innerer Erfahrung für ihre Beichtväter. Damit begann eigentlich schon die »Vida«, die erste, verloren gegangene Fassung der Autobiographie, die sie Anfang 1562 in Toledo schrieb, als sie auf das Geheiß ihres Provinzials einige Monate im Hause einer schwerreichen Dame aus dem Hochadel weilte, bei Luisa de la Cerda, die sich nach dem Tod ihres Gatten Trost von Teresa erhoffte.

Die Beichtväter waren von den ersten Berichten und der ungewöhnlichen Fähigkeit der Autorin, Inneres so vollendet wie verständlich darzustellen, beeindruckt und veranlassten sie, die ganze bisherige Lebensgeschichte aufzuschreiben und vorzulegen, was sie nach ihrer Rückkehr nach Ávila bis Ende 1563 auch tat. Diese zweite Fassung ist die uns überlieferte. Die Reaktionen der Geistlichen schwankten zwischen Bewunderung und Schrecken, das »tremendum et fascinosum« des Heiligen zeigte sich. So wurde Teresa verunsichert, daher die erwähnte Bitte an den Inquisitor, der ihr empfahl, das Ganze dem Magister Juan de Ávila in Andalusien vorzulegen, was nach einiger Verzögerung auch geschah.

Juan de Ávila war erfahren im Umgang mit der Inquisition, war doch sein bestes Buch, »Audi filia«, das Teresa kannte und schätzte, einst auf den Index geraten und hatte er selbst, der aus einer jüdischen Konvertitenfamilie stammte, Jahre im Gefängnis verbracht, um dann jedoch glänzend gerechtfertigt und gesundheitlich angeschlagen zum Auftrag des »Apostels von Andalusien«, wie man ihn nannte, zurückzukehren. Gar zu viel Unbekümmertheit in einem Lebensbericht wäre unklug gewesen, Teresa wusste es.

Was also bringt und was verschweigt diese »Vida«, wie man das Buch im Spanischen nennt? Teresa begann nicht, wie man es von einem Beichtbericht erwarten sollte, mit der eigenen religiösen Entwicklung, sondern, wie in dem in ihrer Zeit aufkommenden und sich großer Beliebtheit erfreuenden »autobiographischen« Schelmenroman, die Einleitung gilt ihrem Elternhaus. Sie hatte, so heißt es, tugendhafte und gottesfürchtige Eltern.

Hier ist ernst gemeint, was im Schelmenroman schiere Ironie bedeutet hätte. Doch geht Teresa, im Gegensatz zu jener literarischen Gattung, nicht weiter auf die elterlichen Namen und Vorfahren ein. Dafür hat sie gute Gründe. Auch Fray Luis nennt nur den Namen Cepeda aus der weiblichen Vorfahrenlinie, nicht aber Sánchez, was zwar der spanische »Meyer« ist, aber als Juan Sánchez der Name des Großvaters väterlicherseits. Warum all dieses Schweigen? Sehr einfach: Teresas Großvater war ein jüdischer Konvertit aus Toledo, ein reicher Tuchhändler, den die Inquisition gezwungen hatte, als Büßer durch die Straßen zu ziehen. Danach verließ er mit seiner Familie die Stadt und ließ sich in Ávila nieder, wo er Verwandte hatte. Teresas Vater war damals erst fünf Jahre alt, christlich getauft wie alle Kinder des Juan Sánchez, der als Converso in seine jüdische Religion zurückgefallen war. So wie auch viele andere Zwangskonvertiten, weshalb die Katholischen Könige Ferdinand und Isabella 1478 die ihren politischen Zielen dienende spanische Inquisition mit kirchlicher Unterstützung eingerichtet hatten. Es war klar, dass viele Juden, zur Wahl zwischen Auswandern oder Konversion gezwungen, die Scheinkonversion dem Verlassen der Heimat vorgezogen hatten. Schließlich fühlten sie sich als Spanier.

Die Familie Sánchez de Cepeda gab sich alle Mühe, dass man in Ávila aufhörte, sie »los Toledanos« zu nennen. Der Tuchhandel war aufgegeben, ein Adelsbrief gekauft, und man bemühte sich, wie christliche Hidalgos von »Renten« (Vermögenswerten) zu leben. Doch musste Teresas Vater Alonso noch einen harten Prozess führen, um den vom Vater erworbenen Adelsbrief zu behalten. Bei der Beweisaufnahme war es gut, dass er während seiner kurzen ersten Ehe auch Kriegsdienst für die Katholischen Könige von Kastilien und León geleistet hatte und mit Pferd und Maultier – Letzteres zum Waffentragen – in die erfolgreiche Schlacht gezogen war.

Solche die christliche Herkunft bezeugenden Urkunden bedeuteten eine wichtige Schutzmaßnahme, denn die Conversos oder »Neuchristen« waren immer wieder Verfolgungen ausgesetzt und hatten nicht die gleichen bürgerlichen und steuerlichen Rechte wie der niedere Adel der Hidalgos, der »Altchristen«. Teresa war zur Zeit dieses nervenden Prozesses vier Jahre alt.[5]

Sie sagt in der »Vida« auch nichts von ihrem Geburtshaus, der ehemaligen Münze am Rande des einstigen Judenviertels, die als baufällig schon im nächsten Jahrhundert abgerissen wurde. Teresa geht gleich zu den Eigenschaften der Eltern und Geschwister über und sagt:»wir waren drei Schwestern und neun Brüder«, wobei sie freilich nicht erwähnt, dass die beiden ältesten, María und Juan, von der ersten Frau des Vaters stammten, die 1507 der Pest erlag.

Teresas Mutter, eine entfernte Cousine der ersten Frau des Don Alonso, entstammte wirklich einer altchristlichen Adelsfamilie. Sie kam aus Olmedo bei der Königsstadt Valladolid, doch besaß ihr Vater Ländereien in Gotarrendura, vier Meilen nördlich der Stadt Ávila. Doña Beatriz de Ahumada brachte davon einen großen Teil in die Ehe, dazu einen Taubenschlag und zahllose Schafe. Die Familie hielt sich vor allem im Winter im Landhaus von Gotarrendura auf, vermutlich war es besser zu heizen, die Winter im über 1000 Meter hoch gelegenen Ávila sind hart. Die Kinder erhielten dann ihren elterlichen »Schulunterricht«.

Teresa erwähnt das Landhaus in der »Vida« nicht, spricht nur später in einem Brief von seinem Verkauf (vgl. Cta 2,14). Es geht ihr ja darum, den Beichtvätern und in der Endfassung dem Magister Juan de Ávila das Christliche und Ehrenhafte der Familie darzulegen, nicht aber alle Aspekte des Lebenszuschnitts. So betont sie beim Vater die Bildung, die in einer wertvollen Bibliothek ihren Ausdruck fand, sein Mitleid mit den Armen und seine schon modern anmutende Abneigung gegen das durchaus noch zeitübliche Halten maurischer Sklaven in begüterten Adelsfamilien. Er war nobel in seinem Betragen, fluchte nicht, vermied üble Nachrede.

Von der Mutter wird berichtet, dass sie sich, trotz Schönheit und Jugend von vielen Geburten und Krankheiten geplagt, höchst unvorteilhaft wie eine Alte kleidete und – zum Ausgleich – heimlich mit der Tochter Ritterromane las, was der Vater nicht wissen durfte. Beide Frauen waren der Lektüre dieser »Krimis« des 15. und 16. Jahrhunderts sehr ergeben, und der Vater hatte mit seinem Unwillen Recht, denn einerseits entfremdete das hohe Pathos dieser Gattung von der Lebenswirklichkeit, und andererseits kam auf dem Gebiet der »Liebe« die Moral zu kurz. Das Heroische wurde mit »sex and crime« gewürzt, und die Zeit war nicht mehr fern, da Cervantes der Gattung ein unterhaltsames und tiefsinniges Ende bereiten würde.

Die beiden Frauen genossen mit dieser Lektüre aber auch das bei damaligen Spanierinnen seltene Privileg, lesen und schreiben zu können. Nur drei Prozent vermochten es, Teresa jedoch nahm es ganz selbstverständlich. Der Vater, dem sie sich eng verbunden wusste (»wir waren ein Sein« – V 7,14), war unauffällig um die Bildung seiner Kinder bemüht, wie es sich für einen anständigen Juden gebührte. Doch auch bei den so gebildeten und privilegierten Frauen spielte sich das Leben auf dem Fußboden ab. Man saß mit gekreuzten Beinen auf Teppichen und Kissen, der Stuhl war dem Hausherrn vorbehalten.[6] Spanien war durch die siebenhundertjährige Assimilierung der »Mauren« doch auch orientalisiert, was die Stellung der Frau nicht eben verbesserte.

Leider starb Ende 1528, nach der Geburt der jüngsten Tochter Juana, die erst dreiunddreißigjährige Mutter im Landhaus Gotarrendura. Teresa, die am 28. März 1515 in Ávila das Licht der Welt erblickt hatte, war bei diesem herben Verlust nahezu vierzehn, in ihrer eigenen Erinnerung aber noch nicht ganz zwölf Jahre alt. Sie kam sich gewiss sehr klein und verlassen vor, und sie berichtet, wie sie nun die Muttergottes anflehte, sich ihrer anzunehmen. Ein erster Schritt, so lässt sich rückblickend sagen, in Richtung auf den der Muttergottes geweihten Karmelitenorden, auch wenn der alttestamentarische Prophet Elija als sein legendärer Gründer gilt. Das hängt mit den Verhältnissen im palästinensischen Karmelgebirge zusammen, von dem der Orden als um eine Marienkapelle gruppierte Eremitensiedlung seinen Ausgang nahm.

Natürlich erwähnt Teresa die kindlichen Anfänge ihrer Frömmigkeit – kurz nur, aber aufschlussreich. Die Hagiographie hat später mehr daraus gemacht. So aus der bewegenden Geschichte von der Flucht mit dem Lieblingsbruder Rodrigo, um im Maurenland den Märtyrertod zu erleiden. Man fing, so berichten die Biographen, die Kinder vor den Mauern Ávilas wieder ein. Teresa hingegen spricht in ihrer Biographie hintersinnig nur vom Gedankenspiel mit einem solchen, der Eltern wegen leider unmöglichen Abenteuer. Ihr ist der Ernst wie der Unernst ihrer christlichen Anfänge bewusst. Der Ernst beim Erschrecken vor dem Wort »ewig«, der Unernst beim Eremiten- und Nonnenspielen, bei den an Heiligenleben orientierten heroischen Wünschen. Ihr ist klar, dass es dabei für sie nicht um Gottesliebe ging, sondern um einen Handel, den sie im Grunde »preisgünstig« fand: die Heiligen gaben das bisschen an zeitlichen Werten, um dafür Gottes ewige Herrlichkeit zu gewinnen (vgl. V 1,5)!

Ihre Einstellung war auch beim wirklichen Klostereintritt 1535 kaum eine andere. Sie bewegte, wie sie selbst schrieb, eine »elende Furcht«, die erst später, als sie das kontemplative Beten erlernte und pflegte, allmählich einer wachsenden Gottes-/Christusliebe wich. Aber als sie gegen den Willen des Vaters sein Haus verließ, um künftig als Nonne des Karmelordens im großen, schönen Menschwerdungskloster (Santa María de la Encarnación) vor den Mauern Ávilas zu leben, fand sie das besser als eine Heirat. Das Beispiel der jung dahinsiechenden und jedes Jahr ein Kind gebärenden Mutter mag Einfluss gehabt haben, Teresa spricht nicht davon. Zudem fühlte sie sich verlassen, seit ihre Brüder, und insbesondere der geliebte Rodrigo, begannen, nach Südamerika auszuwandern, teils um zu kämpfen, teils um beim Aufbau zu helfen. Der Einsatz in den als spanische Provinzen betrachteten Ländern der »Ungläubigen« war nur »Altchristen« erlaubt, hob also das Ansehen der Familie. Leider kam Rodrigo dabei ums Leben – in Teresas Augen ein Märtyrerschicksal. Der wenige Jahre später ausgewanderte Lorenzo war bald die rechte Hand des Vizekönigs von Perú. Er erhielt hohe Ämter mit Land und Bürgerrecht in Quito (Ecuador, man sprach damals von »Perú«).

Im Menschwerdungskloster findet Teresa die Muttergottes und eine »sehr liebe Freundin«, Juana Suárez, die schon zu den älteren Schwestern gehört. Und schließlich ist es auch der praktische Geschäftssinn ihrer väterlichen Familie, den sie ins Religiöse überträgt: Die Münze der gefährdenden Weltverhaftung wird gegen das Gold des gottgefälligen Ordensstandes getauscht. Ist Teresa doch immer noch ergriffen vom Gedanken der Ewigkeit, vor dem sie die Eitelkeit und Nichtigkeit des Irdischen erkennt, in dem alles so schnell ein Ende nimmt. Eigentlich zwar, so gesteht sie, hatte sie gar keine Lust, Nonne zu werden. Aber sie verstand, dass es, objektiv gesehen, das Beste und Sicherste wäre (vgl. V 3,5).

Zu dem Entschluss hatten sie zwei wichtige Erfahrungen motiviert: Nach dem Tode der Mutter gab der Vater, der die Tochter in muntere Oberflächlichkeiten abgleiten und Gefahr im leichtfertigen Umgang mit jungen Verwandten sah, sie zur weiteren Erziehung in das Kloster der Augustinerinnen »Santa María de la Gracia«. Teresa konnte ja nicht von sich selbst berichten, wie schön, charmant und attraktiv ihre Mitmenschen sie fanden. Sie sprach nur von ihrer extremen Eitelkeit in Kleidung, Schmuck, Frisur, Parfümierung. Davon blieb später das erfreuliche Streben nach perfekter Reinlichkeit in ihren Klöstern und bei den »Töchtern«.

Der Aufenthalt im Augustinerinnen-Pensionat war wichtig für den Entschluss gewesen. Dort machte eine kluge, geistvolle und von echter Gottesliebe erfüllte Schwester (María de Briceño y Contreras) tiefen Eindruck auf die sechzehnjährige Teresa. Vage und unentschlossen zwar, aber immerhin begann sie an ein späteres eigenes Klosterleben zu denken – dort, wo Freundin Juana weilte, nämlich im karmelitischen Menschwerdungskloster zu Ávila.

Der ihr immer lieber werdende Aufenthalt bei den Augustinerinnen endete plötzlich durch eine Erkrankung, Teresa musste zum besorgten Vater zurück. Das Heilungsbemühen ging mit Reisen einher, so kam sie auch zu ihrem Onkel Pedro de Cepeda, wie der Vater hochgebildeten jüdischen Geistes im ernsten Bemühen um eine christliche Gesinnung. Der verwitwete Onkel wollte bei den Dominikanern eintreten, die ihn jedoch abwiesen. So ging er später zu den Hieronymiten, denn der Hieronymusorden nahm Conversos auf, eine Ausnahme in dieser Zeit. Teresa erwähnte es nicht, sie musste ja sowohl im Menschwerdungskloster wie vor der Inquisition ihre Herkunft verbergen.

Als sie Onkel Pedro besuchte, gab dieser ihr zahlreiche gute Bücher zur Lektüre, denn sie war von der Kindheit bis ans Lebensende eine leidenschaftliche Leserin. Es sind lauter Bücher asketischen Inhalts. Sie handelten, schrieb Teresa, »von Gott und der Eitelkeit der Welt« – nicht nach ihrem Geschmack, wie sie zugab, aber so beeindruckend, dass sie sich ihrer Wirkung nicht entziehen konnte.

Was hier in Teresa vorging, kann durch einen Blick in das Buch des Américo Castro, eines großen spanischen Geisteswissenschaftlers um die Mitte des 20. Jahrhunderts, besser verstanden werden. Castro hatte schon die Vermutung von der jüdischen Herkunft Teresas ausgesprochen, ehe man 1946 die enthüllenden Prozessakten auffand. Er sah nämlich gewisse Grundzüge bei ihr und ihren väterlichen Verwandten, die ihm aus seinen Forschungen über die Juden in Spanien geläufig waren: Das Durchdrungensein von der Eitelkeit der Welt und der Vergänglichkeit des Lebens, im Gegensatz zur hohen Bewertung der Person und ihrer Innerlichkeit, bereitete den Boden für das im 17. Jahrhundert bestimmend werdende Motiv des »Desengaño«, Täuschung und notwendige »Ent-Täuschung«, wie sie Calderón endgültig in »Das Leben ein Traum« gestaltete. Teresa war hier eine Vorläuferin, das Wort vom Leben als Traum findet sich mehrfach in ihrem Werk.

Castro schreibt: »Es waren die Konvertiten, welche die trostlose Askese der Bibel und des Mittelalters säkularisierten und dem späteren Spanien jenes Gefühl einpflanzten, dass die Welt nichts als Täuschung und Chaos sei.«[7] Beim Converso Juan de Mena (15. Jahrhundert) z. B. heißt es:»Ein Blinder nach dem anderen, ein Narr nach dem anderen, so machen wir uns auf die Suche nach dem Glück; je mehr wir haben, desto weniger haben wir, einem Traum vergleichbar und einem Schatten des Mondes«.[8] Im Schelmenroman des Juden Mateo Alemán (16. Jahrhundert) wird vom Protagonisten gesagt:»Der Sohn des Niemand, der sich aus dem Staub der Erde erhob, ein zerbrechliches Gefäß, durchlöchert, gesprungen. – Ich verwandle den Duft der Veilchen in Gift, ich beflecke den Schnee, und mit meinem Denken misshandle und zertrete ich die frische Rose«.[9]

Der Sohn des »Niemand«, das ist das Gegenteil vom »Sohn von etwas«, vom Sohn des Geltens, des Hidalgo (urspr. fijo d'algo, eine Wortbildung in Parallele zu dem arabischen »Ibn« mit Zusatz). Ein »Jemand« also – gemeint ist der niedere Adel. »Aus Gründen der Selbstverteidigung«, bestätigt Castro, »gaben sich viele Bekehrte als Hidalgos aus. Der spanische Konvertit des 15. und 16. Jahrhunderts schlug derart düstere Töne an, weil ihn die Umstände zum Pessimisten gemacht hatten und weil sie ihn zwangen, auf die tiefsten Wurzeln seines Wesens zurückzugreifen. Dass sich der Jude in dieser Weise ausdrückte, ist nicht erstaunlich, doch überrascht es, dass sich das spanische Christentum mehr und mehr in Dunkel hüllte, bis es zu einer Leugnung der Welt kam, die dem vollständigen Nihilismus nicht mehr fern stand und die wir in Frankreich oder Italien vergeblich suchen.«[10]

Man kann sowohl an Leben und Werk der Teresa wie auch des vermutlich (aber unbewiesen) familiär gleich oder noch mehr belasteten Johannes vom Kreuz ablesen, wie sich die asketisch-pessimistische Weltfluchthaltung allmählich durch das kontemplative Gebet in Liebe zu Gott und seiner Schöpfung verwandelt.

Und hier lässt sich, so scheint mir, das zweite große Verschweigen der Teresa aufschlüsseln. Immer klagte sie in ihrer »Vida« über große Sünden und Gottesferne, bis zu ihrem 40. Lebensjahr, da es vor der wundenbedeckten Christusstatue in ihrem Oratorium zu dem Durchbruch kam, den sie mit Recht und in Anlehnung an Augustinus als »Bekehrung« bezeichnete. Die Konversion der Conversa! Das ständig betonte Sündenbewusstsein ist nicht einfach »Demut« oder Vorsicht gegenüber den inquisitorischen Prüfern. Auch nicht nur heiligenmäßiger Perfektionsdrang. Der heutige Mensch kommt angesichts ihrer intensiven Sündenklagen, in denen auch das Wort Todsünde, zwischen Bejahung und Verneinung schwebend, wiederholt auftaucht, sehr leicht zu modernen und pikanten Vermutungen. Selbst Teresas Beichtvätern fiel schon auf, wie sie ständig von ihren schweren Sünden sprach, ohne doch eine einzige klar zu nennen – denn ihre Freude am Geplauder mit Besuch im Elternhaus und später im Kloster wollte auch bei den von Teresa so geschätzten geistlichen »Gelehrten« als Begründung nicht recht verfangen.

Liest man aber ihre sich über mehr als 200 Seiten erstreckenden Klagen mit den Augen eines um ihre Conversa-Problematik Wissenden, so bekommt alles ein anderes Gesicht, auch das verdächtige Schweigen. Ein in diesem Falle nicht gewolltes, sondern unbewusstes Schweigen, denn Teresa kann nicht wissen, dass in ihrer tiefsten Seele zwei große spanische Traditionen miteinander im Widerstreit liegen: die christliche und die düstere der randständigen konvertierten Juden. Wie Letztere kultiviert sie die Innerlichkeit und setzt damit in ihrer Zeit neue Akzente, wie den Juden bedeuten ihr aber auch Welt und Leib und Leben für das rechte Bemühen anfangs eine schier unüberwindliche Hürde. »Vivo sin vivir en mí, y tan alta vida espero, que muero porque no muero« (»Ich lebe, doch nicht in mir, und ich erhoffe mir eine solche Herrlichkeit ewigen Lebens, dass ich sterbe, weil ich nicht sterbe«), dichtet sie denn auch im Rahmen zeitgenössischer Tradition. Johannes vom Kreuz wird die Verse noch einmal vertiefend aufgreifen.

Teresas »Sünde«, in ihren Augen vielleicht sogar Todsünde, ist die Sonderung von Gott, wie sie jedem Menschen natürlich ist, solange er nicht in der »Unio mystica« lebt. Anders ausgedrückt: Sie hat ein ständiges Bewusstsein von der »Erbsündlichkeit« des Menschen, das sich in ihrem Geiste zu einer ganz persönlichen Schuld verwandelt. Und sie setzt zunächst nach gut jüdischer Tradition nicht auf die Erlösung durch Gottes Erbarmen in Jesus Christus, sondern auf ihr eigenes Bemühen, das nun freilich auf der Strecke bleiben muss, zumal im Menschwerdungskloster, das keine Klausur kennt und dem immer noch die Spuren des einstigen »Beateriums« anhängen. Es hat noch viel von einem Stift für fromme Damen, gibt es doch über die fehlende Klausur hinaus Standesunterschiede in Wohnung, Kleidung und Lebensstil. Einige verfügen sogar noch über Dienerschaft. Im Ganzen aber ist das viel zu große Kloster mit seinen 180 Nonnen durch Geldmangel auf Besuche und Verkehr mit den Reichen und Mächtigen dieser Erde angewiesen, und Doña Teresa de Ahumada, wie sie sich nannte, mit ihrer Beliebtheit bei Adel und Hochadel, galt als nützliches Mitglied. Das war eine der beklagten und nie recht genannten »Sünden«, die erst überwunden wurde, als Teresa nach Durchbruch und »Bekehrung« zu einer Haltung fand, die, wie sie sagte, »nicht mehr auf sich selbst, sondern einzig auf Gott vertraute« (V 9,3).

Der Wandel war so groß, dass ihre Autobiographie, nach einem Exkurs von mehr als hundert Seiten über das kontemplative Gebet, bei der Rückkehr zum Lebensbericht anhebt: »Was ich nun schreiben will, ist ein neues Buch, das heißt ein neues, ein anderes Leben« (V 23,1). Denn, so fügt sie hinzu, endlich ist sie mit Gottes Hilfe ihrer »schlechten Gewohnheiten« ledig geworden. Und vier Kapitel später heißt es:

> »Ich sah mich ganz verändert und konnte nichts anderes tun, als mich der Führung Gottes zu überlassen, damit sein Wille mir gänzlich geschehe. Ich sah sehr wohl, dass es der Weg zum Himmel war, während ich zuvor den Weg zur Hölle beschritten hatte.« (V 27,1)

Aber dieser Himmelsweg erweist sich als keineswegs einfach und für die Mitwelt zunächst nicht überzeugend. Teresa läuft bald wieder von Beichtvater zu Beichtvater, und Ängste und Bedenken sind allerseits groß – denn das »neue Leben« der Hingabe an Gott besteht in ständigen Heimsuchungen durch Visionen, innere Ansprachen und andere mystische Phänomcne. Damit aber kam die arme Heilige vom Regen in die Traufe. Denn verfolgt wie Juden, Mauren, Protestanten waren auch die Alumbrados, die man andernorts Illuminaten und Quietisten nannte, eine Bewegung der Innerlichkeit zwischen christlicher Reform, Weltflucht und Häresie. Die Alumbrados, hauptsächlich fromme Frauen, erregten Aufsehen durch kontemplativ bedingte oder auch vorgetäuschte »Gnaden«, die eine Nähe zu Gott signalisieren sollten, die keineswegs dem sonstigen Lebensstil und menschlichen Niveau der »Erleuchteten« zu entsprechen schien.

Nun begannen für Teresa Jahre der Qual – Gott oder der Teufel, das war hier die Frage. Doch halfen ihr immer wieder große Heilige wie Pedro de Alcántara und Francisco Borja, die Teresas Erfahrungen als von Gott kommend erkannten, aber auch Patres des jungen Jesuitenordens, die sich in Ávila niedergelassen hatten. Vor allem jedoch findet sie auf dem neuen visionären Weg einen befreienden Kontakt zu Jesus Christus, der sich ihr gleichsam allmählich enthüllt (s. o., bes. S. 28 ff.). Auch weitere Visionen sind so positiv für ihr Inneres, dass eine schreckliche Höllenvision alten Stils sie nicht mutlos werden lässt. Sie möchte etwas für Christus und seine Kirche tun, so reift in ihr der Entschluss zur Reform ihres Ordens, dessen Satzungen seit dem Wegzug aus dem Karmelgebirge mehrfach verändert und gemildert wurden. Natürlich traf sie dabei in ihren Reihen sowohl auf Begeisterung wie auf erbitterte Widerstände. Man wusste ja zudem, dass sie im Kloster bald durch eine schwere dreijährige Krankheit zu beweisen schien, dass mit ihrer Seele nicht alles zum Besten stand. Und Teresa selbst unterstützte in ihrer Demut und Frömmigkeit diese psychosomatische Interpretation. Denkt nicht auch heute noch mancher angesichts des Bernini-Kunstwerks, so schön es auch sein mag, an Hysterie?

Was Teresa konnte und wollte

Zunächst war nur klar, was sie *nicht* wollte: keine Ehe, kein Versinken im Vergänglich-Weltlichen, keine Vergeudung des kurzen gottgeschenkten Lebens. Und was sie nicht konnte: ein selbstbestimmtes Leben in Kraft und Gesundheit. Denn drei Jahre nach ihrem Klostereintritt erkrankte sie so schwer, dass sie lebenslänglich gezeichnet blieb. Sie musste nun lernen, ganz auf Gott zu setzen. Das Bild der sich verpuppenden Seidenspinnerraupe, aus dessen totaler Ausgeliefertheit der schwebende (= gottfähige) Falter ersteht, durchzieht aus tiefer eigener Erfahrung die letzten »Wohnungen der inneren Burg«, des großen Reifewerks der Heiligen (s. o., S. 68 f.).

Die 1538 einsetzende Krankheit gab der Mit- und Nachwelt Rätsel auf. Doch beschrieb die Schriftstellerin Teresa ihre körperlichen Symptome so genau wie ihre Gebetserfahrungen, so dass zu schnelle Diagnosen wie Tuberkulose, Epilepsie, Malaria, Parkinson sich bei genauem Hinsehen nicht halten ließen. Blieb der Wissenschaft also immer noch die Flucht in die schwer zu widerlegende Diskriminierung »Hysterie«, auch wenn im Gegenzug immer wieder Stimmen laut wurden, die da sagten, eine so handfeste und vernünftige Person leide nicht an Pseudokrankheiten. Und auch der nach dem Stande der Epoche unerkannte Gebärmutterkrebs, an dem Teresa schließlich starb, ließ sie immerhin 67 werden.

Nach all den Rätseleien kam 1982 ein spanischer Mediziner, Professor Dr. A. Senra Varela, auf die rechte Spur. Er betrachtete die vier Phasen der Erkrankung: In der ersten 1538 fühlte Teresa sich immer elender, sie klagte über Herzbeschwerden und Ohnmachten, so dass der inzwischen mit dem Klostereintritt ausgesöhnte Vater sie im Herbst nach Hause holte. In seiner Sorge brachte er sie dann zu einer berühmten »Heilerin« nach Becedas an der südwestlichen Grenze der Provinz Ávila. Die »curandera« purgierte sie bis April 1539 mit Kräutertees. Teresa berichtete von ihrer außerordentlichen Schwächung durch diese Behandlung, und als Folge der reduzierten Abwehrkräfte setzte nun die zweite Krankheitsphase ein: ständiges Fieber, Übelkeit und Erbrechen, Schluckbeschwerden, die nur noch flüssige Nahrungsaufnahme zuließen, und das schmerzhafte »Sicheinziehen« der Nerven, wie die Heilige es nannte.

Der von der »Heilerin« enttäuschte Vater transportierte die Tochter wieder nach Ávila und übergab sie dort den Ärzten, denen er zuvor nicht getraut hatte.

Hier beginnt aber am 15. August die dritte und schlimmste Phase. Teresa ahnt es und bittet, einen Geistlichen zu holen, doch man will sie ermutigen, indem man die Bitte abschlägt. Noch in der gleichen Nacht stellen sich Krämpfe ein, die einzigen ihres Lebens, bis sie in ein tiefes Koma fällt, das vier Tage andauert. So tief, dass sie nicht spürt, wie man der vermeintlich Toten Wachs auf die Augenlider träufelt, oder dass ihr Totenwache haltender Bruder einschläft, während ihr Bett an der Kerze Feuer fängt. Teresas Nichtreaktion ist ein klares Indiz, dass es sich um keinen hysterischen Zustand handelte. Man gab der Bewusstlosen die letzte Ölung, und sie erzählte später leicht belustigt, wie man an ihrem Lager vor ihren tauben Ohren ständig das »Credo« wiederholte. Aber ihr Vater gab die Hoffnung nicht auf, obwohl man im Menschwerdungskloster schon ihr Grab geschaufelt hatte. Er meinte immer noch einen leichten Puls zu spüren, den andere nicht wahrnahmen. Und tatsächlich kam Teresa am vierten Tag wieder zu sich und versuchte erschrocken nach dem Wachs auf ihren Augen zu greifen.

Ihr Zustand war beklagenswert: Sie lag »zusammengerollt wie ein Garnknäuel«, das Schlucken fiel ihr schwer, die Glieder waren weitgehend gelähmt, an der rechten Hand ließ sich nur ein einziger Finger bewegen. Alles das ging einher mit unerträglichen Nervenschmerzen. Diese schreckliche vierte Phase der Krankheit dauerte bis Ostern 1540, also etwa acht Monate. Die Folgen hatte Teresa dann ein Leben lang zu tragen: chronische Kopfschmerzen, Herzschmerzen, Erbrechen, plötzliche Fieberschübe, unvorhersehbare Bewegungsbehinderungen und Zittern wie bei der Parkinson-Krankheit, so dass Teresa im Alter öfter ihre Briefe diktieren musste, weil die rechte Hand ihr nicht gehorchte, während ihr Geist so klar und lebendig war wie eh und je.

Der spanische Pathologieprofessor hält nun alle diese Symptome mit den bleibenden Nachwirkungen zusammen und kommt zu dem Ergebnis: Es handelt sich ganz klar um eine körperliche Erkrankung, und zwar um eine »Brucellosis«, die man bei uns auch Maltafieber nennt, obwohl sie auf der ganzen Welt vorkommt. In Ávila kann man sie sich noch heute durch das Trinken von Ziegenmilch zuziehen, die es auch im Menschwerdungskloster gab. Sie geht in schweren Fällen mit einer Herzbeutel- oder Herzinnenhautentzündung einher, die auch für die Schluckbeschwerden verantwortlich ist. Man kann noch die Narben an Teresas aus Reliquiensucht konserviertem Herzen sehen, was dann wieder zu allerlei Spekulationen über die Herzdurchbohrungsvision Anlass gab.

Medizinisch liegt die Ursache der Verschlimmerung in der schwächenden »Purgierung« durch die Kräutertees der »Heilerin«. Mangelnde Abwehrkräfte steigern die Brucellosis zu einer mit Bewusstlosigkeit verbundenen Hirnhautentzündung, also zur »Neurobrucellosis« mit einer Lähmungen hervorrufenden Polyneuritis. Alles dieses hinterlässt bleibende Folgen, aber ohne geistige Beeinträchtigung, wie sie z. B. die parkinsonsche Krankheit mit sich brächte.[11] Teresa betont in ihrem Lebensbericht immer wieder, wie sie trotz aller dieser Leiden die innere Freude und Heiterkeit behielt, die ihr seit dem Eintritt in das Menschwerdungskloster ihren Entschluss bestätigte. Dass sie allerdings im Fortschreiten der

Krankheit auch hin und wieder eine »tiefe Traurigkeit« empfand, ist verständlich. Auf das Ganze bezüglich verweist der spanische Mediziner auf den heiligenmäßigen Heroismus, den das Leben mit den nicht zu bessernden Krankheitsfolgen für die Patientin bedeutete.

In der ersten Phase, auf der Reise zur »Heilerin«, hatte Teresa eine wichtige geistige Begegnung. Wieder war es ein Buch, das ihr weiteres Leben – gesund oder krank – entscheidend lenkte, wieder hatte der Onkel Pedro mit seiner typischen Converso-Mentalität es ihr gegeben, als man auf dem Wege nach Becedas bei ihm Station machte. Es war der berühmte, immer wieder aufgelegte oder nachgedruckte kontemplative »Bestseller« des Francisco de Osuna, das »Dritte geistliche Abecedarium« von 1527. Teresa erklärte das Buch zu ihrem menschlichen »Meister«, der ihr bisher gefehlt hatte (V 4,6).

Osuna, so nach dem Ort seiner Herkunft genannt, denn seinen zivilen Namen verschwieg der demütige Franziskaner, führt damit in jene Form der wort- und gedankenfreien Kontemplation ein, in jenes Schweigen, wie es der kontemplativ-mystische Weg zur Gotteinung erfordert (s. o., bes. S. 19). Man hatte über diesen Weg in der Christenheit viel spekuliert, doch fehlten die praktischen Anweisungen außerhalb der klösterlich-mündlichen Tradition, die etwas Esoterisches an sich hatte und sich auch leicht verlor oder verfälschte. Der Franziskaner Osuna, seinerseits der Frömmigkeitsbewegung der »Devotio moderna« verpflichtet, die sich seit dem 14. Jahrhundert vom flämischen Raum her ausbreitete, möchte dieses kontemplative Beten jetzt als Kunst und Methode zur persönlichen Erfahrung allgemein zugänglich machen.

Die anbrechende neue Zeit der Renaissance bemüht sich um das Individuum und seine Erfahrung. Der Wahrheit suchende Mensch schließt nicht mehr vom Allgemeinen auf das Besondere, was immer Abstraktionen mit sich brachte, sondern vom Besonderen auf das Allgemeine. Das erfordert Konkretionen und Berücksichtigung der vitalen Bedürfnisse des Einzelnen. Teresa ist so sehr ein Mensch der neuen Zeit, dass das Wort »Glaube« bei ihr nur selten und blass erscheint, während das Wort »Erfahrung« (experiencia) kaum noch zu zählen ist. Erfahrung wird zum Wahrheitsgaranten.

Diese Haltung kommt auch dem geistigen Erbe ihrer Väter entgegen. Gerade Conversos interessieren sich in der Verfolgungssituation und dank ihres hoch entwickelten individuellen und gesellschaftlichen Bewusstseins für die ewigen Werte der Innerlichkeit – so dass Devotio moderna, Alumbrados und christlich-spanische Mystik eng miteinander verflochten sind. Dazu gehört auch der »Erasmismus«, das heißt der einzigartige Erfolg, der den Gedanken des Erasmus von Rotterdam (1466–1536) in Spanien beschieden war. Gern hätte man ihn an die Universität von Alcalá geholt, aber er kam nicht. Sein Erfolg beruhte auf der Betonung des persönlich und mit einer affektiven Frömmigkeit gelebten Evangeliums, der subjektiven Erfahrung anstelle von Riten und Zeremonien – auch Teresa gesteht, mit dem Chorgesang und Stundengebet wisse sie nicht recht Bescheid (vgl. V 31,23). Dazu kam bei dem Gelehrten Kritik an Überheblichkeiten, Missbräuchen und Veräußerlichung der Kirche, sein Lob eines bescheidenen und arbeitsamen Lebens und schließlich sein christlicher Humanismus, der in toleranter Liberalität klassische und christliche Autoren miteinander harmonisieren wollte, ebenso wie die schöne Literatur die religiöse Bildung vollenden sollte.

Das Buch des Osuna ist zwar nicht im engen Sinne »erasmistisch«, gehört aber zu den frei-reformerischen Tendenzen dieser aufbrechenden spanischen Renaissance, die mit vielen Tabus brechen möchte, welche den wertbewussten Menschen an der freien Entwicklung seiner Innerlichkeit hindern. Daher auch sein »demokratisches« Motto: »Kontemplation für alle!«

Teresa bekommt das Buch gerade im rechten Augenblick in die Hände, denn in den drei ersten Jahren ihres Klosterlebens hatte ihr niemand sagen können, wie man zum kontemplativen Gebet gelangte: zu einem Gebet, das über das »Nachdenken mit dem Verstande«, wie Teresa die traditionelle Meditation bezeichnete (6 M 7,10), hinausging. Zumal diese Tradition seit dem 16. Jahrhundert mit den methodischen Schriften des Abtes Cisneros vom Montserrat in gar zu fest geschnürten spanischen Stiefeln steckte (s. o., S. 20). Darum wurde Teresa das »Abecedarium« des Osuna in allem Krankheitselend zu einer beglückenden Offenbarung, etwa dreihundert Unterstreichungen und Anmerkungen im uns erhaltenen Exemplar der Heiligen bezeugen es.[12] Das Buch handelt vom inneren Schweigen in der Erfahrung der Gegenwart Gottes und vom Wachsen der Liebe.

Das Werk hilft Teresa, die Schmerzen der Krankheit besser zu ertragen und sich immer weniger auf die eigenen begrenzten Kräfte als vielmehr auf Gott und seine unbegrenzten Möglichkeiten zu verlassen. Aus dem sich festigenden Vertrauen und der Liebe ergibt sich für Teresa die Frage, was sie für ihren Gott und Herrn denn tun könne. So wird sie bereitet für ihren Lebensauftrag: durch Gebet und Stellvertretung das Reich Gottes in diese »elende Welt« zu tragen und sie grundlegend zu verändern. In eine »Welt in Flammen«, wie sie später sagt, als sie von den Religionskriegen hört (»mundo ardiendo« – CV 1,5).

Dieser Auftrag war schon innerlich vorbereitet durch ein Gespräch, das sie im Menschwerdungskloster mit den Schwestern führte, wobei eine von ihnen meinte, man solle neue, strengere und somit effektivere Klöster gründen nach dem Vorbild der Klarissinnen. Was hier Theorie war, wurde bei Teresa Praxis durch ihre berühmte Erschütterung vor einer hölzernen Christusstatue, einem traurig-rührenden Ecce homo, den man für ein kommendes Fest ausgeliehen und zur Aufbewahrung in ihr privates Oratorium gestellt hatte. Das innere Erleben bedeutete das »Tüpfelchen auf dem i« einer Entwicklung, die die Zeichen ihrer Epoche zu verstehen begann und Konsequenzen zog. Denn »Reform« hatte schon vom vergangenen Jahrhundert her bereits die meisten Orden und andere Institutionen erfasst. Reformation, Renaissance, Reform, alles das gehörte zusammen. Auch Osuna war ein Reformer gewesen, auch Teresas große Freunde wie Alcántara oder Báñez waren es. Und im Karmelitenorden war schon mehrfach hier und da der Eifer des Reformerischen aufgeflammt.[13]

Was also bewegte das Wollen Teresas? Es lässt sich in drei Stichworte zusammenfassen: inneres Gebet, Menschenwürde von Minderheiten, zu denen auch die als »Minderwertigkeiten« behandelten Frauen zählten, und die Einheit christlichen Glaubens. Genauer gesagt: Es ging der Heiligen darum, den kostbaren Schatz des christlichen »inneren Gebets« als schweigende Kontemplation[14] vor den inquisitorischen Gegenströmungen ihrer Zeit zu retten, die überall, wo »mystisch« gebetet wurde, sektiererische Alumbrados (Illuminaten, Quietisten) vermuteten.

Teresa hatte ein ähnliches Ideal einer christlichen Welt wie der Habsburger Kaiser Karl V., so dass ihr die Vaterunser-Bitte »Dein Reich komme« stets Mahnung zu unermüdlicher Gründungstätigkeit im Dienste des kontemplativen Betens war, das allen Fürbitten erst die wahre Stärke gab. Ging es doch um die Einheit der Kirche in Europa, wo Teresa erschüttert von den zunehmenden Religionskriegen, Bilderstürmern, von Aufhebung, Vernichtung und Wegnahme karmelitischer und anderer Klöster und Kirchen hörte.

Aber sie dachte noch weiter: Durch den lebhaften Briefwechsel mit ihren nach Peru oder Ecuador ausgewanderten Brüdern eröffnete sich ihr die Perspektive der Neuen Welt. Auch hatte sie ab 1575 die kleine in Quito geborene Tochter Lorenzos, die bei der Rückkehr nach Europa mit dem Vater einen Schiffbruch überlebt hatte, ständig bei sich. So kam ihr die Neue Welt immer näher und dachte sie an die »Indios«, wie man die Ureinwohner Amerikas durch den anfänglichen geographischen Irrtum ja nannte und immer noch nennt, nicht überheblich, sondern mit tiefem Mitgefühl. Darin war sie den Franziskanern und Dominikanern ähnlich, weniger dem polemischen Las Casas als mehr dem die Grundlagen eines späteren Völkerrechts schaffenden Dominikaner Francisco de Vitoria, Converso auch er[15], dessen Vorlesung »De Indis« (Über die Indianer) an der Universität Salamanca selbst König Carlos I., wie man Karl V. in Spanien nannte, besuchte. Ein Werk der Einfühlung und des Umdenkens, das der späteren Gesetzgebung für Amerika zugrunde lag, der »Recopilación de las Leyes de Indias« (abgeschlossen 1680), die ebenso gut war, wie sie praktisch jenseits des Atlantiks unbeachtet blieb.

Vitoria begegnete der neuen Erfahrung von Hochkulturen, die nie etwas von Jesus Christus vernommen hatten, mit der Erkenntnis, dass diese Völker religiös im Stande der Unschuld waren und dass selbst bei Verbrechen Christen, die ja das »Wissen« hatten, härter zu bestrafen wären als Indios. Teresa wollte für Letztere wie für die Verkehrtheiten der Christen beten. Denn das eigentliche und letzte Ziel hieß »Seelen retten«!

Alles dieses bildet einen großen Zusammenhang, der mit dem Begriff »Klostergründungen« nur teilweise abgedeckt ist. Teresas Wollen und Wünschen entspringt ihrer Liebe und zielt auf das Leben einer Welt und einer Epoche bis hinein ins Überzeitliche. Darum erhält der Kampf um ihre Reform eine politische Dimension, ein Ringen auf höchster Ebene zwischen König und Papst, Ordensgeneral und Nuntius, Teresa und den Großen der Welt und der Kirche. Ihre Absichten sind keine persönlichen Steckenpferde, sondern Notwendigkeiten einer aus dem Mittelalter in die Neuzeit aufbrechenden Epoche. Persönlich, »teresianisch«, ist dagegen die Art, wie die Heilige die Verwirklichung angeht: mit Gottvertrauen nicht ohne Humor, mit Freundschaft nicht ohne Geschäftssinn, mit Stille nicht ohne Betriebsamkeit, mit Askese nicht ohne Genuss.

Teresas leidenschaftliches Interesse gilt der Lage der Frauen. Sie will sie aus ihrer beklagenswerten Unwissenheit herausholen, will sie geistig ausbilden und zu vernünftigem Denken erziehen.[16] Dazu konnte bei Laienschwestern auch die Alphabetisierung gehören.

Erschwerend war das Verbot muttersprachlicher Bibeln im Jahre 1559 und der Index, auf den so viele der von ihr geschätzten geistlichen Autoren kamen. Im Umgang mit den »Töchtern« unterstrich sie die Berichte der Evangelien, nach denen die Frauen in ihrer der Liebe aufgeschlossenen Art über eine größere Christusnähe verfügen als die Männer (s. o., S. 50). Aber, und das muss die moderne Leserin beachten, Teresa ist nicht Feministin in dem Sinne, dass sie gleiche Rechte wie für die Männer fordert. Sie will Hochentwicklung unter den Vorzeichen des Geschlechtsspezifischen, denn für sie ist Selbstverwirklichung Gottesverwirklichung, und Gott schuf Mann und Frau für verschiedene Aufgaben. Darum auch keine Forderung nach priesterlichen Ämtern für Frauen:

»Ihr könnt und sollt nicht Seelen für Gott sammeln, auch wenn ihr es gern möchtet, denn ihr habt nicht zu lehren und zu predigen wie die Apostel, denn wie solltet ihr das wohl können. – Ich habe euch ja schon einmal gesagt, dass uns der Teufel große Wünsche eingibt, damit wir unserem Herrn nicht innerhalb der Möglichkeiten dienen, die uns zur Verfügung stehen, sondern uns damit begnügen, das Unmögliche zu wollen.« (7 M 4,16)

Diese Mahnung ist gewiss im Grunde auch an die eigene Adresse gerichtet, findet sie sich doch in den letzten Absätzen der »Inneren Burg«.

Teresas Selbstbewusstsein, die Kehrseite ihrer immer wieder betonten Demut und auch gelegentlichen Depression, äußert sich im Umgang mit ihrem Ordensgeneral Rossi, dem sie 1576 aus Sevilla ironisch schreibt:

»Und wenn wir Frauen uns auch zum Ratgeben nicht eignen, treffen wir doch manchmal das Rechte. Im Angesichte Gottes werden Euer Wohlehrwürden dereinst erkennen, wie viel Sie Ihrer wahren Tochter Teresa de Jesús verdanken«. (Cta 98,7 u. 3)

Der von ihr so häufig hervorgehobene Begriff Demut bedeutet gewiss keine falsche Bescheidenheit! Sie meint damit letztlich das Bewusstsein der Abhängigkeit der Menschenwürde von Gottes unfassbarer Größe (s. o., Lebensphasen mystischer Erfahrung, S. 49 f.). Um nun alles zu verwirklichen, Frauenbildung, Gebet, Erhaltung des Glaubens und der leidenden Welt, alles dieses jedoch im Blick auf die ewige Bestimmung des Menschen, bedarf es aus der Perspektive der Epoche neuer Klöster.

Zunächst also packt Teresa die Gründungspraxis an. Sie kann in Ávila ihre adelige Freundin Guiomar de Ulloa für den Plan gewinnen, so dass diese ein kleines Haus kaufen will. Aber die Barschaft reicht nicht. Auch die Genehmigungen gestalten sich mehr als schwierig. Teresa lässt sich nicht beirren und vertraut auf ihren himmlischen Herrn und Freund. Und unversehens kommt Geld aus Amerika, unerwartet hilft ein Schwager, wider alle Voraussicht kommt die Genehmigung aus Rom! Das Klösterchen San José wird Wirklichkeit! Aber so unscheinbar, so unbedeutend das Unternehmen, so groß das Aufsehen! Zum einen natürlich im Menschwerdungskloster, wo man zwar gern über mehr Vollkommenheit theoretisierte, praktisch aber jede größere Strenge fürchtete. Zum anderen in der Stadt Ávila, einer Stadt mit berühmter Ringmauer, Adelspalästen und Klöstern, der Stadt der Edelleute und Heiligen, wie man heute gern sagt, die damals doch nur ca. 1000 Einwohner aufwies gegenüber Toledo mit 90.000![17] Doch die Einwohner von Ávila, lauter »Jemands«, waren nicht bereit, grundlegende Veränderungen hinzunehmen, die unter Umständen Geld kosten konnten – so jedenfalls liefen die Argumentationen des Bürgermeisters und einer erregten Menge vor dem Rathaus, als der Tag der – von Brandstiftung und sonstiger Gewaltankündigung – bedrohten Gründung des kleinen Klosters San José mit seinen vier Nonnen gekommen war. Das war am 24. August 1562. Bei dieser Gelegenheit lernte Teresa ihren künftigen großen Beichtvater Domingo Báñez kennen, dessen spontane Rede die öffentliche Meinung zu ihren Gunsten wendete.[18] Im Dezember zieht Teresa de Ahumada als Priorin in San José ein und nennt sich von nun an Teresa de Jesús.

Was war denn so »neu« an diesem winzigen Kloster, dass es die Menschen erregte? Zum einen war es die »Gründung auf Armut«, zu der sich Teresa, beraten vom heiligen Franziskaner Pedro de Alcántara, durchgerungen hatte. Doña Guiomar vermittelte eine längere Zusammenkunft in ihrem Haus (vgl. V 30,3–6). Dieser Heilige, Ordensreformer mit großer Erfahrung, der eine extreme Askese mit klugem Geist und Freundlichkeit verband, stand in hohem Ansehen, und Teresa wusste sich ihm für immer verbunden, auch wenn sich die »Armut«, das heißt die auf Spenden (Almosen) und Handarbeit angewiesene Einkunftslosigkeit ihrer Reformklöster, nur in größeren Städten durchführen ließ. Auch galt Handarbeit im christlichen Spanien als Kennzeichen der Andersgläubigen im Lande, darum wirkte ihre Einführung schockierend. Später wird Teresa gelegentlich, die Umstände berücksichtigend, auch »auf Renten« (Vermögenseinkünften) gründen.

Zum anderen war es die »unbeschuhte« Strenge, insbesondere der Klausur, die dem freundschaftlichen Verkehr zwischen Nonnen und Weltleuten, wie man es vom Menschwerdungskloster gewöhnt war, zum Ärger vieler ein Ende bereitete. Und schließlich, aber das sprach niemand aus, waren die ersten Nonnen Conversas, die Namen zeigen es.[19] Und auch bei den folgenden Gründungen waren weibliche Verwandte der Teresa aus dem toledanischen Zweig reichlich beteiligt. Ging es doch der Heiligen darum, im Gegensatz zu fast allen christlichen Orden ihres Landes, den berüchtigten »Estatutos de limpieza de la sangre«, den »Satzungen zur Reinheit des Blutes« von 1547, keine Anerkennung zu gewähren, wenn sie auch nie davon sprach. Diese Satzungen waren in ihrer Zeit so etwas wie der Ariernachweis im Hitlerdeutschland, nur dass die »Reinheit des Blutes« primär keinen rassistischen, sondern einen religiösen Begriff meinte.

Ein jeder verstand die verborgene Kühnheit, wenn Teresa sagte, ihr komme es für ihre Klöster weder auf Geld noch Herkunft an, sondern einzig auf die religiöse Berufung und Befähigung. Das war mehr als reformerisch, das war revolutionär, denn es betraf das Standesbewusstsein einer Epoche! Und noch revolutionärer, einfach unerträglich war die Tatsache, dass eine Frau, also eine »Minderwertigkeit«, sich anmaßte, einen ganzen Orden zu reformieren, einschließlich der Mönchsklöster! Freilich war Teresa in ihrem Reformwillen nie fanatisch. Sie brauchte für ihre Vorhaben nicht nur das gebildete und wohlhabende Bürgertum, also vor allem die am besten alphabetisierte Bevölkerungsschicht der spanischen Juden, sie brauchte auch den christlichen Hochadel mit seinem Geld und seinen Beziehungen.

Der italienische Ordensgeneral Rossi (span. Rubeo) war weitherzig und gab ihr zunächst mit Freuden die Erlaubnis für alle geplanten Gründungen. Doch praktisch musste sie für die Durchführung einen Helfer suchen. Und sie fand Johannes vom Kreuz, einen ganz großen Mystiker und Dichter. Letzteres wusste sie nicht, Ersteres freute sie nicht immer. In die Anerkennung des Genies des so viel jüngeren geistlichen »Sohnes«, der keine »Ordensmutter« brauchte, mischten sich verständlicherweise manchmal Ironie und Ärger.[20] Aber dieser erste »unbeschuhte« Karmelit wurde der große Novizenmeister des Ordens, und man übersieht oft im Blick auf sein nach innen gekehrtes Wesen seine große Leistung als Gründer und »Reisender«.[21] Juan hatte Frieden in Teresas Orden gesucht und fand nichts als Unruhe und Kämpfe, aus denen er nicht immer als Diplomat, wohl aber als Heiliger hervorging.[22] Der später gekommene Jerónimo Gracián de la Madre de Dios war ihrem Herzen näher, ja, so nah wie kein anderer Mensch. Sein kindlich unbekümmerter Charakter bedurfte ihrer mütterlichen Obhut. Zudem war er ein »Letrado«, ein mit seinem Wissen beeindruckender Gelehrter, der einer berühmten, am Königshof wirkenden Humanistenfamilie entstammte. Und die menschlichen Ideale der

Teresa waren nun einmal Tugend und Gelehrsamkeit. Schneller als Johannes vom Kreuz, der in seiner Gotterfülltheit Ämter nicht liebte, brachte Jerónimo Gracián es zu hohen Würden und heftigem Umkämpftsein. Tragisch wurde am Ende durch Missgunst und Intrigen das Schicksal dieser beiden maßgeblichen »Söhne«[23] (s. o., Lebensphasen mystischer Erfahrung, S. 62 f.)

Für die Klostergründungen entwickelte Teresa eine praktische Strategie, die als »Gründungsdidaktik« lehrbar war. Am Ende gründeten auch begabte »Töchter«, vor allem Ana de Jesús ist hier zu nennen, die nicht nur zu Lebzeiten Teresas in ihrem Auftrag den Konvent in Granada gründete – Johannes vom Kreuz half dieser ihm befreundeten Priorin –, sondern später auch in Frankreich und im flämischen Raum als Teresas Nachfolgerin wirkte. Teresa persönlich aber gründete weitere 15 Nonnenklöster. Hinzu kommen noch die Mönchsklöster in Duruelo (1568) und Pastrana (1569). Bis zum Tode ihres Helfers Johannes vom Kreuz am 14. Dezember 1591 sind weitere 25 Mönchsklöster gegründet. Erwähnenswert ist für Teresas weit schauende Aktivitäten auch das Studienkolleg San Cirilo in der humanistischen Universitätsstadt Alcalá de Henares, wo Johannes vom Kreuz zunächst das Rektorat übernehmen musste und wo in der Zeit des großen »Ordenskrieges« Gracián Hausarrest hatte. Ein Ordenskrieg, der einerseits auf Kompetenzstreitigkeiten zwischen König, Papst und Ordensgeneral beruhte, Weltpolitik also, andererseits auf der menschlichen Tatsache, dass sich Mönche nicht gern von einer Nonne reformieren ließen.

Ein Zeitgenosse und Beichtvater Teresas, Diego de Yepes OSH (1531–1614), charakterisiert die Gründerin aus seiner persönlichen Erinnerung: »Ich war so glücklich über ihre Tugend, so eingenommen von ihrer Demut und Klugheit, dass ich seither der Marktschreier ihrer Vorzüge bin, der Sklave ihrer Klöster, und mich, der ich dieses alles gleichsam mit Händen greifen konnte und Zeuge ihres Herzens wurde, verpflichtet sehe, von dieser unglaublichen Vollkommenheit und Heiligkeit zu künden. Denn zweifellos ist sie der Ruhm und die Ehre unserer Zeit und die Blume, die in der unfruchtbaren Wüste dieser Spätzeit der Kirche erblüht.«[24]

Im zweiten Teil seines Buches geht er auf ihre charakterlichen und geistigen Eigenschaften als Gründerin ein:»Sie besaß großen Verstand, zu allem fähig. Ein reifes und ausgewogenes Urteil, von erheblicher Klugheit gestützt. Alle ihre Vorhaben waren wohl durchdacht, und sie erwog mit großer Erfahrung das Für und Wider der Dinge. Hatte sie sich aber entschlossen, so war sie fest und konsequent im Durchführen des Begonnenen. In ihr war das Licht einer bewundernswerten Vernunft, mit der sie ihre Unternehmungen großartig durchführte, wie man es klar an der Gründung und Leitung so vieler Klöster sieht. Und so groß wie ihr Verstand und ihre Urteilsfähigkeit war auch ihre gelehrige Flexibilität. Sie schätzte gute Theologen sehr und begann nichts Wichtiges, ohne sich vorher mit ihnen besprochen zu haben. Sie war geschäftstüchtig, geschickt in Verhandlungen und im Umgang mit Problemen.[25] Jeder bekam Hilfe und Antwort, ohne dass sie sich je mit Mangel an Zeit oder Gesundheit entschuldigt hätte. Oft schrieb sie an den König und andere hohe Herren, und allein mit ihren Briefen brachte sie große Dinge zustande.«[26]

Die letzte und schwierigste Gründung der Heiligen ist die in Burgos, wo ihr der Erzbischof hinterhältig immer neue Steine in den Weg legt. Sie verlässt die nordspanische traditionsreiche Stadt nach sieben Monaten des Kämpfens total erschöpft. Gracián hatte ihr Ruhe in Ávila verordnet. Aber die Pflichten, ihr Vorgesetzter und allen voran die Herzogin von Alba, die sie für eine familiäre Situation »anfordert«, zwingen sie zur Weiterreise. Die letzte Station heißt dann Alba de Tormes.

Teresas Sterben wird schon von den vielen Streitigkeiten und Intrigen im Orden überschattet, die gleich nach ihrem Tode am 4. Oktober 1582 aufbrechen. Die neue Zeit aber, deren Kind die Heilige schon war, bestätigt sich in ihrer Todesnacht, in der unser gregorianischer Kalender in Kraft tritt. Als solle gezeigt werden, dass hier ein Mensch ging, der die Welt für Gott und Menschen verändern wollte und konnte.

Was Teresa schrieb und lebte

Das Schreiben ergab sich bei Teresa aus dem Leben, nicht umgekehrt. Sie war keine Berufsschriftstellerin. Doch ihre Werke zählen zur Weltliteratur, es war einfach eine Frage der Echtheit und Begabung. In den Schriften liegt ihre heutige Bedeutung.[27]

Der schon zitierte zeitgenössische Biograph Diego de Yepes berichtet von den Eindrücken, die ihm die Begegnung mit der Heiligen vermittelte: »Ich kannte die selige Mutter Teresa de Jesús während des Zeitraums von über 14 Jahren, in dem ich Umgang mit ihr pflegte, und halte das für eine besondere Gnade Gottes und wirksame Hilfe für mein ewiges Heil.« Der Geistliche verweist besonders auf Teresas Begabung des wirkenden Wortes: »Gott hatte ihr eine wunderbare Kraft und Fähigkeit gegeben, die Herzen derer zu bewegen, mit denen sie umging. Denn mit der Macht ihrer Worte gewann sie Zuneigung und beseitigte Widerspruch. Wie der Wind die Wolken auflöst, so verschwanden alle Schwierigkeiten, sobald sie sich bei einer Angelegenheit ins Mittel legte. Was zuvor schwer, ja, unmöglich schien, wurde nun möglich und leicht. Viele Menschen kamen zu ihr, die einen wegen Versuchungen, die anderen mit Zweifeln und Skrupeln, und oft konnten sie sich nicht einmal klar ausdrücken. Sie aber verstand sie wie ein weiser Arzt und vermochte sie mit ihren Worten wunderbar zu beruhigen und zu heilen. Manche kamen von weit her, um Dinge ihres geistlichen Lebens zu besprechen. Andere suchten Trost in Mühen und Leiden, nicht nur einfache Menschen, sondern auch große Gelehrte, und alle verließen sie zufrieden und getröstet allein durch die Worte, die sie von ihr vernahmen.«[28]

Eine geniale Frau, die so über das gesprochene Wort verfügte, musste sich auch auf das Schreiben verstehen. Durch ihre Schriften hat Teresa von Ávila heute Freunde in aller Welt, nicht nur in Spanien, wo der große Gitarrist Narciso Yepes bezeugte:»Ich, Reisender des 20. Jahrhunderts, habe immer die Schriften der Teresa von Ávila und meine Gitarre bei mir. In den Warteräumen der Flughäfen und in der Luft, ob ich die Erde überfliege oder das Meer, immer geben ihre Worte mir Hoffnung und bringen mich der Realität des Schöpfers nah. Ich meine, Santa Teresa ist aktueller als viele unserer Zeitgenossen. Sie weckt in mir das notwendige Bewusstsein vom Leben, das ich in mir habe.«[29]

Auch Athenagoras, der Metropolit der russisch-orthodoxen Kirche in Konstantinopel, gestand:»Die Werke der heiligen Teresa von Ávila und des heiligen Juan de la Cruz sind meine häufigste geistliche Lektüre. Ich lese sie im Original, ohne Wörterbücher zu brauchen.«[30] Oder man denke an Edith Stein mit der Geschichte ihrer Bekehrung zum christlichen Glauben, die mit der nächtlichen Lektüre von Teresas Autobiographie dramatisch anhob, da die Jüdin erkannte:»Dies ist die Wahrheit!«[31]

Teresas »Vida«, die Autobiographie[32], hat bis zum heutigen Tage nichts an Frische und Faszination eingebüßt. Báñez schützte das Manuskript mit seinem Gutachten vor den Verfolgungen der Inquisition, denn damals interessierte an diesem Werk nur die Darstellung der »mystischen Phänomene«, die Teresa in die Nähe sektiererischer Alumbrados zu rücken schienen. Das war umso gefährlicher, als die ehemaligen Juden, die Conversos, wenig Geschmack an den Formalismen der zeitgenössischen christlichen Kirche gewinnen konnten und in ihrer Religiosität der als »modisch« geltenden persönlichen Erfahrung zuneigten, die stets verdächtig war. Sie hatte in Spanien zahllose Anhänger, auch unter Mauren mit ihrer großen Tradition der Sufimystik.

Américo Castro, Kenner der Mentalität konvertierter Juden in Spanien, erläutert:»Das Leben als Erscheinung zu erforschen, reizte sie mehr, als es begrifflich zu definieren, weshalb sie tief in das gefährliche Meer ihrer eigenen Gefühle und Leidenschaften eintauchten. Ihr Denken bewegte sich entlang der Autognosis (Selbsterkenntnis), der bewussten Wahrnehmung des eigenen Lebensprozesses.« Im Grunde fielen diese »Neigungen des orientalischen Lebens« in Spanien auf einen so fruchtbaren Boden, dass sie kräftig Wurzeln schlugen, »in der Celestina, in der Mystik, im autobiographischen Schelmenroman, im Drama und im Roman der Tradition des Cervantes.«[33] Das heißt also in allem, was dieses Zeitalter geistig zu einem »goldenen« machte.

So ist es kein Zufall, dass die erste große Autobiographie der spanischen Literaturgeschichte von einer Conversa stammte. Teresa brachte hierfür ihre ganz eigene, der spanisch-jüdischen Tradition entstammende Begabung mit: diese Fähigkeit zur Introspektion, zur ebenso differenzierten wie klaren Darstellung komplexer Seelenvorgänge, ihre modern anmutende psychologische Einfühlung.

Das erkannten schon die Zeitgenossen. Báñez berichtet rückblickend von seiner Zensur der »Vida«, dass das Manuskript zwar »vom heiligen Offizium« verwahrt wurde, die hellsichtige Mitwelt jedoch zuvor zahlreiche Abschriften angefertigt hatte. Gedruckt wurde dann nach dem Tode Teresas das authentische Inquisitionsexemplar, ein Vorteil der Konfiszierung! Báñez hatte geschrieben: »Ich prüfte mit größter innerer Zurückhaltung die Beziehung des Gebets zum Leben dieser Nonne, denn niemand war gegenüber ihren Visionen und Offenbarungen ungläubiger als ich, wenn ich auch ihre Tugend und ihren guten Willen kannte.« Dann aber konnte er, der nach dem Tode der Heiligen erzählte, wie er im Beichtstuhl manchmal zitterte, so deutlich wurde ihm aus ihren Worten Gottes Gegenwart, bezeugen, »dass sich die Vermutung anbietet, diese Offenbarungen, Visionen und Ekstasen könnten von Gott kommen, so wie bei anderen Heiligen auch«.[34]

Die Inquisitoren waren durch mehrere Anzeigen auf das Buch aufmerksam geworden. Dahinter steckte in erster Linie die Fürstin (span. princesa) Éboli, noch bekannt durch Schiller und Verdi in der angeblichen Beziehung zum unglücklichen Infanten Don Carlos. Eine Beziehung, die es jedoch nicht gab, denn der »Thronfolger« war schwachsinnig! Die Éboli, geborene de Mendoza und Frau des Fürsten Éboli von Pastrana, war eine äußerst intrigante Person, was durch die Einäugigkeit der sonst schönen Frau vielleicht gefördert wurde. Zumindest war sie exzentrisch.

Als Teresa sich 1568 auf Verhandlungen mit dem Fürstenpaar von Pastrana zwecks Stiftung eines Mönchs- und eines Nonnenklosters einließ, wurde das schnell offenbar. Die Éboli äußerte unannehmbare Wünsche. Ein Machtkampf zwischen den Frauen begann, den die um 25 Jahre jüngere Fürstin genoss. Auch verlangte sie, dass Teresa ihr das Manuskript der Autobiographie zur Lektüre ausliefere. Da half der Heiligen kein Sträuben. Die »Prinzessin« gab ihr Ehrenwort, dass niemand außer dem Fürstenpaar das Geschriebene zu sehen bekomme, und verteilte sofort die Blätter an das Personal. Wer des Lesens kundig war, las vor, und alles bog sich vor Lachen, so etwas hatte man noch nie vernommen! So laut war das Gelächter, dass es noch in Madrid vernommen wurde.

1573 aber stirbt unerwartet der Fürst. Bei seinem Begräbnis beschließt die haareraufende Fürstin, augenblicklich in Teresas Kloster einzutreten. Der die Trauerfeierlichkeiten leitende Pater Mariano muss seinen Habit ausziehen, die Éboli legt ihn an und lässt sich, im fünften Monat schwanger, mit ihrer Dienerschaft im Kloster nieder. Teresas Nonnen dürfen nur kniend mit der Fürstin sprechen. Da ist die Geduld der Mutter Teresa erschöpft. Sie wird deutlich. Die Éboli sagt: »Das Kloster gehört mir!« Teresa kontert: »Aber nicht meine Nonnen!«

Danach bleibt nur noch die Flucht. Am 6. April 1574 zieht Teresa mit ihren Nonnen bei Nacht und Nebel von Pastrana nach Segovia, wo ein provisorisches Kloster sie erwartet. Doch nun erstattet die Éboli bei der Inquisition die schon erwähnte Anzeige wegen der »Vida«, und Domingo Báñez greift ein. Um es genau zu sagen: Er sammelt die kursierenden Blätter, geht damit zum heiligen Offizium und bittet, mit der Zensur beauftragt zu werden, was man dem renommierten Dominikaner gern gestattet. Mit seinem historisch zu nennenden Gutachten war die Autobiographie endgültig für die Nachwelt gerettet. Dennoch, der größere Ruhm gebührte dem älteren Brief des Juan de Ávila, der so feinfühlig auf Teresas Erfahrungen einging (s. o., S. 37 ff.). Schon Luis de León war von ihm so begeistert, dass er ihn in seine Biographie der Teresa im vollen Wortlaut aufnahm.

Heute urteilt Azorín (1873–1967), der große Essayist und Literaturkritiker im Spanien des 20. Jahrhunderts, folgendermaßen über das einst umstrittene Werk:»Das ›Leben‹ der Teresa, wie sie selbst es schrieb, ist das tiefste, dichteste, eindringlichste Buch der gesamten europäischen Literatur. Neben dieser Autorin wirken die schärfsten Analytiker des Ich, wie Stendhal und Benjamin Constant, wie unerfahrene Kinder. Und das nur, weil sie in diesem Buch ein klein wenig von ihrem Geist hinterlassen hat. Alles auf diesen Seiten, die ganz rein, dicht und ungekünstelt keine Form der Außenwelt zeigen, weder Farben noch Umrisse, ist von einer Dramatik, einem Engagement und einer Bedrängnis, die tragisch zu nennen sind.«[35]

»Legendär« im negativen Sinne wurde auch die Beschäftigung der Nachwelt mit der Gestalt der Éboli. Die historische Wahrheit ist: sie verbündete sich später am Hofe Philipps II. mit dem berüchtigten Sekretär (= Minister) Antonio Pérez gegen den König und wurde wegen ihrer Intrigen in einem einsamen Schloss gefangen gesetzt. Letzte Station war der Turm ihres eigenen Palastes in Pastrana, wo sie nach zehn Jahren 1592 der Härte der Haft erlag.[36]

Teresa, die sich schon seit 1572 der Unio mystica gewürdigt weiß (vgl. Lebensphasen mystischer Erfahrung, S. 55 ff.), führt nach dem Fehlschlag von Pastrana unverdrossen ihr Doppelleben als Gründerin und Schriftstellerin weiter. Sie bekommt Ermutigung aus Toledo, wo man ihr 1576 Verhandlungsangebote zum

Druck ihres Buches »Weg der Vollkommenheit« macht. Sie hatte es 1566/67 in erster und zweiter, objektiverer Fassung geschrieben, ist es doch das Anleitungsbuch für das kontemplative Gebet und Leben in den neuen Klöstern.

Hier begegnet uns eine andere Teresa als in der Autobiographie: Die Ordensmutter bereits, kaum noch von Zweifeln geplagt, ganz um das Gelingen der Reform und des Lebens in den neuen Klöstern bemüht. Die »Erfahrung« ist jetzt nicht mehr Anlass zu Ängsten, sie wird vielmehr richtungweisend für die Lehre. Zugleich ist dieses Buch eine Kampfschrift zur Lage der Frauen, vor allem der unverheirateten. Kam doch das ganze Reform- und Gründungswerk aus dem Wunsche, dass Teresa innerhalb ihrer Grenzen als Frau für Gott das Mögliche tun wollte. Und dieses Mögliche erwies sich als außerordentlich! Die Frauen sollten darum ihre »Schwäche« vergessen und sich nicht beklagen, zumal sie sich glücklich preisen können, »frei zu sein von der Unterwerfung unter einen Mann, der ihnen oft das Leben zerstört und, wolle Gott, nicht auch die Seele« (F 31,46).[37] Teresa lässt also nicht mehr »die Flügel hängen« (V 10,8), weil sie eine Frau ist, sie kämpft gegen Diskriminierung.

Die erste Fassung des Werks wird in der Bibliothek des Escorial verwahrt, die auch das Originalmanuskript der Autobiographie besitzt. Die zweite Fassung ist im Kloster zu Valladolid. Doch so dringend man das Buch auch brauchte, die geplante Publikation kam erst nach dem Tode Teresas durch ihren Freund, den Erzbischof Teutonio de Bragança in Évora, zustande (1583). Don Teutonio war ein Mitglied der Familie Bragança, die von 1640 bis ins 20. Jahrhundert den portugiesischen Königsthron innehaben sollte. Er zeigte sich als großer Verehrer der Teresa von Ávila. Durch ihn unternahm sie im Juli 1579 einen brieflichen Versuch, den Krieg zwischen Spanien und Portugal zu verhindern. Leider vergeblich. König Philipp II. brachte ein Jahr später, mit dem Herzog von Alba als Heerführer, Portugal für sechzig Jahre unter die Herrschaft der spanischen Krone. Auch Herzog Alba, der gefürchtete einstige Gouverneur der Niederlande, gehörte mit seiner Frau zum Freundeskreis der Reformerin, die durch tragische Verkettungen dieser Beziehung ihre Grabstätte in Alba de Tormes fand. Das regte später den Cervantes zu einem Gedicht auf die Heilige an, das die Bedeutung von »alba« als »Morgendämmerung«, »Morgenröte« nutzt.[38] Auch Teresa selbst schrieb einige Gedichte von hoher literarischer Qualität, wenngleich die Geschäftigkeit ihres Alltags meist nur Gelegenheitsdichtungen zuließ.

Über mehrere Jahre und verschiedene Orte erstreckten sich die unvollendeten »Meditationen über das Hohelied«. Ihre Datierung ist ungewiss, sicher ist nur, dass sie vor der »Inneren Burg« geschrieben wurden. Das viel versprechende Werk blieb aus mehreren Gründen Fragment, wenn auch ein kostbares. Ein Grund lag in der Schwierigkeit, seit dem berüchtigten Index des Inquisitors Valdés von 1559 nur die Vulgata, also die lateinische Bibel, lesen zu dürfen, bestätigt durch das skandalöse Schicksal des Fray Luis de León, Teresas späterem Herausgeber. Weil der hebräischkundige Converso, großer Lyriker und illustrer Professor an der Universität von Salamanca, das Hohelied direkt aus dem Hebräischen und nicht aus der Vulgata übersetzt hatte, wanderte er für viereinhalb bittere Jahre ins Gefängnis. Als er im Dezember 1576 glänzend rehabilitiert wieder herauskam und mit einer neuen Professur in Salamanca die Vorlesungen wiederaufnahm, sprach er die stoischen und geflügelten Worte: »Dicebamus hesterna die ...« – »Wir waren gestern stehen geblieben ...«!

Von Teresa wurde etwa 1580 verlangt, was man auch bei der »Vida« schon angedroht hatte, nämlich das Werk zu verbrennen. Teresa gehorchte augenblicklich und veranstaltete mit dem »Lied der Liebe« ein kleines papiernes Autodafé. Sie tat dies heiter und gelassen, denn sie verfügte über vollständige Abschriften!

Unter den Werken der Teresa, die Fray Luis de León 1588 mit großer Liebe und Einfühlung herausgab, fand sich auch die kurze bewegende Schrift »Rufe der Seele zu Gott«, die undatiert ist und, wie Gracián später bekundete, die Empfindungen der Heiligen nach der Kommunion ausdrückte. Nicht aber die gewichtigen »Fundaciones«, die »Klostergründungen«, die wegen der darin kritisch betrachteten Personen erst 1658 in Zaragoza herauskamen. Eine Art Tagebuch ihrer Gründungsreisen, das zu schreiben ihr oft zu viel wurde, hätte man es ihr nicht immer wieder »befohlen«. Dabei reicht die Skala der Befehlenden von Jesus Christus (visionär) bis Pater Gracián (real)! Das Resultat des Erzwungenen ist köstlich, Teresas anschauliches und humorvolles Erzähltalent kommt zum Zuge. Umwerfend sind ihre realistischen Schilderungen, z. B. wie in Córdoba, als die Nonnen ihren Wagen verlassen, die schaulustige Menge lärmt wie in der Arena, wenn die Stiere sie betreten. Oder die Gründung in Toledo: Als Teresa nach vielen Mühen ein Haus gefunden hatte, ließ sie zunächst als Inventar zwei Strohsäcke und eine Decke hineinschaffen. Dann aber stand sie vor dem Problem der für die gültige Einweihung des Klosters einzurichtenden Kapelle, deren Raum ebenfalls gemietet war, aber noch zum Nachbarhaus gehörte. Sie erzählt:

»Bei Morgengrauen, als wir mit allem fertig waren, begannen wir die nach dort vermauerte Tür aufzubrechen, die in einen kleinen Innenhof führte. Wir hatten nicht gewagt, die Frauen vorher zu benachrichtigen, damit sie uns nicht verrieten. Sie lagen noch im Bett, und als sie die Stöße hörten, erhoben sie sich voller Schrecken. Wir hatten große Mühe, sie zu beruhigen, aber die Stunde war schon gekommen, da man die Messe las, und wenn die Frauen auch unangenehm wurden, taten sie uns doch nichts. Denn als sie erkannten, um was es ging, besänftigte der Herr ihre Gemüter.« (F 15)

Man hat die »Klostergründungen« immer wieder mit dem Schelmenroman verglichen, wenn auch die Autorin nicht in das mit der

Entwicklung der Gattung zunehmend krimineller werdende Schel-
menmilieu passt. Aber der Ton, der Stil, die Zeitkritik, die neuen
Haltungen, vor denen die ideologischen Konventionen von »Blut
und Ehre«, von Krieg und angemaßter Macht verblassen! Dazu das
literarisch-philosophische Thema des »Desengaño«, diese »Ent-
Täuschung« als Entlarvung der durch Welt und Leben hervorgeru-
fenen Täuschung, eine für das gesamte »goldene Zeitalter« des geistigen Spaniens entscheidende Thematik, die mit dem Schelmenroman beginnt (s. o., S. 103). Zu ihm gehört auch häufiger Orts-
wechsel, typisch auch für Teresa, wenngleich nicht im Dienste
vieler, sondern nur eines großen Herrn.

Wie reiste sie? Vielfältig waren die Fortbewegungsmittel. In un-
wegsamem Gelände bediente sie sich des Maultiers, sie war eine
gute Reiterin, Reiten gehörte zur Schulung des Adels. Gelegentlich
lieh ihr eine ihrer hochgestellten Freundinnen und Gönnerinnen
einen besonders guten Sattel oder auch eine bequeme Kutsche.
Ihre männlichen Begleiter mussten neben und hinter der Kutsche
reiten, eine Art Eskorte. War die Zeit zum Gebet gekommen, so
hielt die Mutter Teresa eine Glocke zum Fenster heraus, und alle
gehorchten, wenn sie das Läuten hörten. Am häufigsten aber reiste
die Heilige in rüttelnden zweirädrigen Karren, geschützt vor Bli-
cken und Sonne durch eine tonnenförmige Plane. Meist zogen
Maultiere, manchmal jedoch, wenn mehrere Schwestern sie beglei-
teten, gab es für den größeren vierrädrigen Wagen auch ein Och-
sengespann. Natürlich waren Kutscher und Maultiertreiber nötig,
Teresa hatte quer durch Spanien ihre guten Adressen.

Gern nahm sie den Weg über Toledo, die Stadt ihrer Väter, die
als »Großstadt« und durch ihre Lage in der Landesmitte für alles
Organisatorische und Postalische günstig war. Als darum 1575/76
im Ordenskrieg die Wogen hochgingen und der General ihr befahl,
sich in ein Kloster ihrer Wahl zu verfügen und sich dort stillzu-
halten – eine freundlich formulierte Gefangenschaft also, wie Teresa selbst bemerkte –, wählte sie Toledo, dessen karmelitisches

Reformkloster sie schon 1569 auf den Wunsch und mit dem Geld eines reichen Kaufmanns gegründet hatte. Nun ließ sie sich dort gern nieder, von Juni 1576 bis Juli 1577, und freute sich über Zeit und Ruhe. Die Stadt mit ihrer großen Tradition dreier Kulturen (Juden, Mauren, Christen), die Stadt ihrer Väter, beflügelte ihre schöpferischen Kräfte. Wie El Greco, der im gleichen Jahr 1577 nach Spanien kam und sich in Toledo niederließ, besaß sie die unwillkürliche Gabe, übernatürliche Erfahrungen und Gedanken bildhaft umzusetzen. Wie dieser große Maler, der möglicherweise später in ihren Werken las, sieht sie die irdische und himmlische Welt zugleich in ihrer wechselseitigen Abhängigkeit, wie ihm ist ihr der Tod das einzige »Mittel«, um zum wahren Leben zu gelangen. Helmut Hatzfeld, einer der besten Hispanisten des 20. Jahrhunderts, sieht im berühmten Begräbnisgemälde des Conde Orgaz teresianische Gedanken gespiegelt.[39]

Hier in Toledo war die Urfassung ihrer Autobiographie entworfen, hier formte eine Begegnung mit Petrus von Alcántara ihre Lebenspläne, hier schrieb sie nun ihr größtes Werk, die »Wohnungen der inneren Burg« (»Las Moradas del Castillo interior«), ein Werk, das sich ganz auf Bildhaft-Symbolisches gründet. Es war fast vollendet, als sie wieder zurück nach Ávila in ihr kleines San-José-Kloster ging.

Es ist die am stärksten durchstrukturierte Schrift; Graciáns Besuche in der toledaner »Gefangenschaft« führten zu intensiven und klärenden Gesprächen. Die Genialität des Buches zeigt sich im Spannungsverhältnis zwischen dem unendlichen Gegenstand und den betont endlichen Ausdrucksmitteln. Die »Wohnung«, der Schmetterling, der feurige Pfeile versendende »Bräutigam« in der Mitte, die heilige Zahl Sieben für das unfassbar Grenzenlose, die Lichteffekte, wie sie auch El Greco liebte. Das ganze Burgbild meint die menschliche Seele, die Teresa schon im »Weg der Vollkommenheit« einem zu vergrößernden Palast verglich (CV 28,9–11). Sie arbeitet im Grunde mit so modernen Vorstellungen wie »Bewusstseinserweiterung«. Geht es doch im mystischen Prozess der Unio um innere Verwandlung.

Auch das Zusammenleben mit Johannes vom Kreuz zwecks Reform ihres einstigen Menschwerdungsklosters in Ávila, dem wieder vorzustehen Teresa 1572 von den Ordensoberen gezwungen wurde – eine Aufgabe, für die sie einen hervorragenden geistlichen Führer brauchte –, mag hier von Einfluss gewesen sein. Ging es Johannes doch vor allem um »transformación«, die innere Verwandlung, ja, modern gesprochen, den »Paradigmenwechsel«, und waren seine Erläuterungen voller Farbe und Poesie.

Die Kirche bewies ein gutes Gespür, als sie 1965 Teresa zur Schutzpatronin der spanischen Schriftsteller ernannte, nachdem schon 1952 Johannes vom Kreuz Schutzpatron der spanischen Lyriker geworden war. Diesmal gab es keine Kämpfe wie im 16. Jahrhundert, als man Teresa zur Schutzpatronin für Spanien überhaupt erklärte und eine Männerwelt es leicht hatte, dagegen aufzustehen: Schien doch der ehrwürdige Schutzpatron Santiago (der Apostel Jakobus) mitsamt dem legendären Wallfahrtsort dadurch »bedroht«. Der empörte Quevedo schrieb Spottverse, aber Lope de Vega feierte die bekannt gewordene Vision der Herzdurchbohrung in Versen, die des jüngeren Bernini würdig sind. Verband doch manche geistige Verwandtschaft Teresa mit Lope: die Fähigkeit zum volkstümlichen Sprechen auf höchster Ebene, der »aufgeklärte Despotismus«[40], mit dem Teresa ihre Klöster leitete, und beider Auffassung vom König, eingesetzt von Gottes Gnaden, jedoch absetzbar vom Volk, wenn er Gottes Geboten nicht mehr entspricht.

War Teresa damals, trotz Selig- und Heiligsprechung, noch so umkämpft, dass sich ein Luis de León zu einer flammenden Apologie veranlasst sah, drückt für unsere Tage der große spanische Romancier Camilo José Cela das Empfinden aller aus, indem er sagt:»Die heilige Teresa bedeutet den Gipfel der spanischen mystischen Prosa, so wie der heilige Johannes vom Kreuz den Gipfel der mystischen Lyrik. Ihre Gottesliebe drückt sie aus in der Sprache ihrer Zeit, spontan und zärtlich, gefühlvoll und volkstümlich, so formvollendet, dass es scheint, ein Engel habe ihr die Hand geführt.«[41] Und Gerardo Diego, gleichermaßen bekannt als Dichter und Hispanist:»Das größte Wunder der heiligen Teresa ist sie selbst. Und für uns, die wir Jahrhunderte nach ihr geboren wurden, das Werk, in dem wir sie erkennen. Ich glaube, dass es keinen zweiten Fall von Zeugenschaft und schriftstellerischer Authentizität gibt wie den der heiligen Teresa, gerade weil sie unprofessionell schreibt, der höchsten Bestimmung gehorcht und durch ihre menschliche Stimme ständig der Heilige Geist spricht. Die Zahl der ihr zu verdankenden Bekehrungen zum Glauben ist unnennbar. Die heilige Teresa ist unvergleichlich. Es gibt keinen Maßstab für sie, ebenso wenig wie für einen Luis de León, einen San Juan de la Cruz, einen Cervantes. Die heilige Teresa schreibt nicht, wie sie spricht, sondern wie sie ist: sie schreibt in ihrer Ganzheit und Einheit.«[42]

Wenn Teresa schreibt, wie es ihrem Wesen entspricht, so ist auch ein familiäres Sprechen erlaubt, wie wir es in ihren Briefen antreffen, die höchste Ansprüche an den Übersetzer stellen. Etwa 440 sind uns erhalten, rund 15.000 hat sie geschrieben, so wurde aus ihrem täglichen Arbeitsplan errechnet. Diese Briefe sind das allerlebendigste Porträt des Menschen Teresa de Ahumada oder Teresa de Jesús. Auch umfassen sie theoretisch 36 Jahre, praktisch allerdings klafft zwischen dem ersten und zweiten Brief ein Zeitraum von fünfzehn Jahren. Dafür können wir dann in den weiteren das Leben der Heiligen bis drei Wochen vor ihrem Tod begleiten. Die Datierung des Epistolariums war mühsam, denn Teresa gab zwar Tag und Monat an, aber niemals das Jahr. Schließlich kannte das ja der Empfänger. Der zweite Brief von 1661 befasst sich mit der geplanten Gründung von San José in Ávila, der letzte Brief – an eine Priorin in Soria – ist voller Einzelheiten von Küche bis Profess, erwähnt aber auch weitere Gründungspläne. Die Briefe im Ganzen zeigen eine Teresa de Jesús, die sich um jeden Fragenden und Bittsteller kümmert, die ihren »Töchtern« und Mitschwestern Ratschläge gibt von Gebet bis Gerstenbrei.

Aber auch Teresa de Ahumada bleibt immer gegenwärtig. Nicht nur im zweiten Brief (1561) an ihren Bruder Lorenzo in Quito, der sich mit erfreulichen Geld- und Goldsendungen beliebt machte, sondern auch in allen weiteren, die sich mit Hauskauf, Preisen und Renten beschäftigen und oft klingen wie das Schreiben eines Immobilienmaklers oder eines Notars. Die Heilige kennt sich aus und kann vorzüglich rechnen, wobei sich notwendige Sparsamkeit und natürliche Großzügigkeit harmonisch verbinden. Teresa de Ahumada zeigt sich auch in der »selbstverständlichen« Überlegenheit der Ordensmutter, für die es ein klares Heilsschema gibt: Die Nonnen erreichen es durch Gebet, Tugend und asketisches Leben; die Bürger durch ihren Beitrag zur wirtschaftlichen Erhaltung des Klosters; die Gründerin, weil sie alle diese Seelenrettungen ermöglicht.[43] Das ist der schon erwähnte aufgeklärte Despotismus, menschenfreundlich ins Religiöse übertragen. Er wird jedoch gemäßigt und in Schach gehalten durch die im Laufe des Lebens immer unbedingtere Hingabe an Gottes Liebe und Gottes Willen, woraus sich das bei Teresa so sympathische »Wandeln in Wahrheit« ergibt, wie sie die Tugend der Demut charakterisiert.

Schließlich und nicht zuletzt beherrscht die vorzüglich erzogene Tochter eines Converso-Hidalgo alle gesellschaftlichen Formen. Sie bewegt sich in den Palästen spanischer Granden so sicher wie in den Kammern primitiver Herbergen und sie beherrscht in ihren Briefen alle Formeln und Floskeln der Höflichkeit, je nach Stand und Rang der angeschriebenen Person. Teresa bleibt stets diplomatisch, auch im Zorn, denn eine intelligente Vornehmheit gehört zu ihrem Wesen. Allerdings kann sie sehr ironisch werden, besonders, wenn es sich um Ana de Jesús handelt, die sich zu einer Art Konkurrenz entwickelt und eine so gute Freundin des Johannes vom Kreuz ist.

Andererseits war Teresa von einer entwaffnenden Spontaneität und Offenheit, wenn es um das eigene tiefe Gefühl geht. Viele wichtige Briefe gingen durch die »Ordenskriege« und Verfolgungen durch Staat und Kirche verloren, z. B. ist nichts erhalten von dem Briefwechsel mit Johannes vom Kreuz, ein wahrer Jammer! Doch trugen dazu auch die Briefpartner bei, denn beide waren vorsichtig und vernichteten so manches kostbare Schriftstück, man lebte gefährlich in jener Zeit.

Anders der unbekümmerte Jerónimo Gracián de la Madre de Dios, um dessen Leichtsinn sich die Heilige viele Sorgen machte. Nicht wegen der Inquisition, sondern wegen der internen Ordenskämpfe, deren Opfer dann doch die Symbolfigur Johannes vom Kreuz wurde, da man ihn zunächst in Toledo einsperrte und dann nach Andalusien verbannte. Teresa wurde für ihn brieflich bei König Philipp II. vorstellig. Ihre erhaltenen und an Pater Gracián gerichteten Briefe jedoch offenbaren so viel von den ganz privaten Gefühlen und auch dem listigen Humor der Heiligen, dass sie lange Zeit einer umfassenden Veröffentlichung des Epistulariums entgegenstanden. Erst 1658 versuchte man in Zaragoza eine kleine Edition, weitere Halbheiten folgten, bis endlich Pater Silverio de Santa Teresa OCD in Burgos 1922–24 das monumentale Werk von 440 Briefen und Fragmenten in zwei Bänden herauszugeben wagte. Hinzu kamen seine vorzüglich informativen Anmerkungen, ein neuer Schritt zur Kenntnis der Heiligen war damit getan.

Nun waren also die Perlen ihrer Briefe an Pater Gracián zugänglich, doch keiner wagte sich so recht daran.[44] Dabei handelt es sich um eine besondere Kostbarkeit, um das freimütige Geständnis der Liebe einer Sechzigerin ganz ohne Peinlichkeiten, eben auch in der Überlegenheit einer reifen Ordensmutter und Heiligen. Aber sie weiß, dass die Welt immer gleich das Schlimmste denkt, darum erfindet sie heitere Decknamen für den Briefwechsel. Gracián heißt Paulus oder Elisäus (nach dem Jünger des fiktiven Ordensgründers Elija. Auch soll Elisäus – wie Gracián – schon in der Jugend kahlköpfig gewesen sein). Teresa selbst nennt sich Angela oder Lorencia. Aber auch die Inquisitoren heißen »die Engel«, die unbeschuhten Karmelitinnen »die Schmetterlinge«. Selbst Jesus Christus bekommt einen Decknamen, ein Zeichen, dass es hier wirklich die Intimität des Seelischen zu wahren gilt. Sie nennt ihn Josef, wie auch ihre meisten Klöster. In Unterstützung des Tridentinums bringt sie seinen Kult in die Kirche ein. El Greco wird später ein in der Geschichte der Malerei erstmalig jugendliches Josefsbild malen und Pater Gracián im gleichen Jahr 1597 ein Buch über den Adoptivvater Christi schreiben, das er der spanischen Infantin Isabel Clara Eugenia, Königin von Flandern, widmet, denn in Flandern verbrachte er seinen Lebensabend.

Teresa aber legte in der glücklichen Zeit beginnender Freundschaft ein Gehorsamsgelübde gegenüber Pater Gracián ab, so wie sie einst mit einem Vollkommenheitsgelübde ihre Beichtväter in Schwierigkeiten brachte. Jerónimo Gracián besaß Klugheit und Humor genug, hier die rechten Relationen zu wahren (s. o., Lebensphasen mystischer Erfahrung, bes. S. 60.) Teresa wusste bei allem »Streben« im Innersten nur allzu gut, dass »perfección« im Grunde einzig aus der unwägbaren gottgeschenkten Liebe hervorgehen konnte.

Der Pater verwahrte die Briefe seiner »Mutter Teresa« sehr sorgfältig, wusste er doch um ihre Kostbarkeit. Nach ihrem Tode und nach seiner Rückkehr aus der Gefangenschaft als Türkensklave[45] schrieb er die »Diálogos sobre la muerte de la Madre Teresa de Jesús«, die »Dialoge über den Tod der Mutter Teresa de Jesús«, die auch Dialoge über ihr Leben waren, und er beschloss sie mit einem Kapitel über ihre Werke. Darin widerlegt er zunächst die in seiner Zeit gültige Meinung des Apostels Paulus, dass Frauen in der Öffentlichkeit zu schweigen hätten, was auch das Schreiben einschloss, durch Nennung zahlreicher großer Frauen aus der Antike und dem Mittelalter, die mit ihren Schriften die Welt bewegten. Sodann kommt er auf die Mutter Teresa zu sprechen und meint, an ihrer vorzüglichen »Vida« störten nur ihre übertriebenen Sündenklagen. Von den »Wohnungen der inneren Burg« berichtet er, dass Teresa von ihrem Vorgesetzten (von ihm selbst) den Auftrag erhielt, sie zu schreiben, und zwar mit der Auflage, nicht so sehr, wie in den bisherigen Werken, die persönlichen Besonderheiten wiederzugeben, als vielmehr eine geschlossene und allgemein gültige Lehre aufzustellen. Kurz, er wirkte hier als vorzüglicher Redakteur, der wusste, wie die einmalige Begabung und Erfahrung der heiligen Teresa weiter zu entfalten war. Dazu musste die Autorin gebildet, aber nicht »gelehrt« sein. Wurde man doch auch ein vorzüglicher Arzt weniger durch das Lesen vieler Bücher als vielmehr durch die Praxis, schreibt Gracián.

Ein großes Lob erhalten dann die Briefe, von denen er sagt: »Wenn man alle Briefe, die die heilige Mutter Teresa de Jesús an verschiedene Personen schrieb, mit ihrer Lehre, ihren Ratschlägen und ihrer großen Frömmigkeit, die jeder beim Lesen dieser Briefe empfand, zu einem Bande vereinigen könnte, so ergäbe das eines der nützlichsten und erfreulichsten Bücher, die je geschrieben wurden. Gar sehr gefiel es unserem christlichen König Philipp II., wenn er einen Brief von ihr bekam, und nicht weniger freuten sich Doña Juana, die durchlauchtigste Prinzessin von Portugal, und ihre Exzellenzen, der Herzog und die Herzogin von Alba, an die sie häufig schrieb, so wie auch andere Personen, die ihre Briefe als eine lebendige Heilslehre bewahren. Ahmte sie doch den von ihr verehrten Apostel Paulus nach, indem sie ihre Klöster durch Briefe regierte, die sie regelmäßig an alle Priorinnen schrieb, aber auch an jedwede Nonne, die des Rates oder des Trostes bedurfte.« Gracián erwähnt sodann die Briefe an Priester und Mönche im männlichen Ordenszweig, an alle Förderer in der Ordensprovinz, um mit dem Lobe zu schließen: »Sie feuerte sie an, gewann sie für ihre Pläne und hielt sie bei Laune; sie bewies allen gegenüber so viel Höflichkeit, Takt, Verständnis und Geist, dass ich in meinem Leben nur wenige Briefe gesehen habe, die den ihren vergleichbar wären. Ihre Handschrift war deutlich und angenehm zu lesen, schnell und flüssig, wie es sonst Advokatenschriften eigen ist. Und so viele Briefe musste sie schreiben, dass es zwölf oder ein Uhr nachts wurde, bis sie sie versiegeln und versandbereit machen konnte.«[46]

Pater Jerónimo Gracián wusste, wovon er sprach, hatte er doch zahllose Briefe – und gerade auch die letzten, nach deren Empfang er die Mutter nicht mehr sah – erhalten. Diese letzten Briefe sind erfüllt von den tief traurigen Klagen einer Frau, die sich verlassen und einsam fühlt (s. o., Lebensphasen mystischer Erfahrung, bes. S. 87). So wie manche der späten Briefe an Priorinnen und Gründungshelfer eine Schärfe spüren lassen, wie sie aus Enttäuschung und schlechtem Befinden hervorgeht.

Die Anstrengungen der Gründung von Burgos waren übermäßig gewesen. Und die Kongregation war groß geworden (die Erhebung zum eigenen Orden erlebte die Heilige nicht mehr), dadurch schwerer regierbar, wobei ihr Alter und die schwächende Krebserkrankung auch bei den »Untergebenen« zu mancher Unbotmäßigkeit führte, da man die Überlegenheit der Leidenden weniger spürte (s. o., S. 91). Im Aufstieg verbarg sich schon ein Niedergang. Dass aber dieses nicht alles war, dass hier nicht nur ein Mensch litt, sondern auch eine Heilige starb, zeigen die »Cuentas de Conciencia« oder »Relaciones«, dieses Tagebuch innerer Erfahrung, das auch vor den Inquisitoren die Wahrheit nicht scheut, weil diese Wahrheit von unendlicher Gottesliebe geprägt ist. Schon fast ein Jahr vor ihrem Sterben ist Teresa de Jesús ein neuer, ein endgültig gültiger Mensch geworden. Sie weiß es selbst am besten:

»Die Seele hat ihre Eigensucht so vergessen, dass es scheint, als habe sie einen Teil ihres Seins schon verloren, in solcher Selbstvergessenheit lebt sie. Mich erfüllt nichts als grenzenlose Liebe zu diesem Gott, die, wie mir scheint, immer noch wächst, und die Sehnsucht, dass alle ihm dienen mögen.« (R 6, Palencia 1581; CC 66)

ANHANG

ANMERKUNGEN MIT QUELLENNACHWEIS

TERESA VON ÁVILA – WERKREGISTER MIT ABKÜRZUNGEN:

Im ersten Teil des Buches, den »Lebensphasen mystischer Erfahrung«, ist Teresa von Ávila übersetzt und zitiert aus: Santa Teresa, Obras completas, hrsg. v. Tomás Álvarez, Editorial Monte Carmelo, Burgos [8]1997.

Im zweiten Teil, »Lebensleistung gottgelenkten Handelns«, erfolgte die Übersetzung aus: Santa Teresa de Jesús, Obras completas, hrsg. v. Efrén de la Madre de Dios und Otger Steggink, [6]1979.

Der Einfachheit halber werden für beide Ausgaben die gleichen Abkürzungen verwendet.

1   Convento de Santa Maria de la Encarnación.

2   Veröffentlicht 1527, viele weitere Auflagen und Raubdrucke.

3   Francisco de Osuna, Versenkung, Texte zum Nachdenken, E. Lorenz, Herder, Freiburg 1982 (³1994), S. 28. Neu unter dem Titel »Abc des kontemplativen Betens« in: Juwelen des Lebens. Weisheit, Spiritualität, Mystik aus Ost und West, G. Sartory, Herder 2002. Hier wird nach der Erstausgabe zitiert.

4   Dionysius Areopagita, »Ich schaute Gott im Schweigen«, Texte zum Nachdenken, V. Keil, Herder, Freiburg 1985, S. 46.

5   Aus den Katha-Upanishaden. Zitiert in E. Lorenz, Wort im Schweigen, Herder, Freiburg 1993, S. 163.

6   Dionysius Areopagita, a. a. O., S. 54 f.

7   Wörtlich: den Gesammelten, nämlich in ihrer Aufmerksamkeit auf Gott.

8   Osuna, a. a. O., S. 66 f.

9   Ob und wie weit Teresa auch die späteren Exerzitien des Ignatius von Loyola übte, ist unbekannt. Vermutlich hat sie sich mit dem einen oder anderen ihrer jesuitischen Beichtväter Teilbereiche mit innerem Gewinn angeeignet.

10   J. P. Migne, PG 44, 893. Aus: Dionysius Areopagita, Von den Namen zum Unnennbaren, Auswahl und Einleitung von E. v. Ivánka, Johannes-Verlag, Einsiedeln ²1981, S. 24.

11   Vgl. Carl Albrecht, Psychologie des mystischen Bewusstseins, Matthias Grünewald Verlag, Mainz 1976 (²1990), S. 105 ff.

12   Ebd., S. 103.

13   Vgl. Psychologie des mystischen Bewusstseins, S. 103, 106, 181 ff., 214 f., 218, 248 ff.

14   Vgl. Osuna, a. a. O., S. 78.

15   Hier wie auch an weiteren Stellen i. F. werden wörtliches und fortführend zusammenfassendes Zitat jeweils am Ende des gedanklichen Bogens belegt.

16   Vgl. Psychologie des mystischen Bewusstseins, a. a. O., S. 106 f.

17   Vgl. Osuna, a. a. O., S. 53.

18   Vgl. Osuna, a. a. O., S. 122.

19   Vgl. E. Lorenz, Ein Pfad im Wegelosen. Teresa von Ávila – Erfahrungsberichte und innere Biographie, Herder, Freiburg 1986 (²1990), S. 42.

20 Ebd., S. 42–44. Die Geschichte wurde von Isabel de la Cruz anlässlich des Seligsprechungsprozesses 1610 in Salamanca berichtet. Sie hatte sie aus Teresas eigenem Munde vernommen.

21 Vgl. Jerónimo Gracián, Obras completas, Burgos 1932, Tomo I, S. 184–87 (Dilucidario) und 362–65 (Oración mental).

22 Carl Albrecht, Das mystische Erkennen, Mainz 1982, S. 297.

23 Vgl. Das mystische Erkennen, a. a. O., S. 290.

24 Comm. in Ps. 44,6; J. P. Migne, PL 53, 388.

25 Enn. in Ps. 119; PL 38, 1600.

26 Vgl. Vulg Is 49,2.

27 Vgl. Das mystische Erkennen, a. a. O., S. 178 ff.

28 Ich verweise in diesem Zusammenhang auf den Unsinn einer deutschsprachigen Geschichte der spanischen Literatur, die meint, Teresas Suche mit dem »Genießen« identifizieren zu müssen.

29 Vgl. E. Lorenz, Lockruf des Hirten. Teresa von Ávila erzählt ihr Leben, Kösel, München 1999, S. 116 f.

30 Vgl. Lockruf, a. a. O., S. 127.

31 Vgl. Paulus, Gal 2,20: Nicht ich lebe, Christus lebt in mir.

32 Das paradoxe Verstehen des Nichtverstehens ist dem mystischen Gegenstand angemessen.

33 Von den lästigen und unruhigen Nachtfaltern des Gedächtnisse war schon in V, Kap. 17,6 die Rede gewesen. Der Falter ist ein Seelensymbol, das hier für einen Teilbereich verwendet wird.

34 Vgl. Lockruf, a. a. O., S. 134.

35 Berichtet von Jerónimo Gracián in Dilucidario, a. a. O., S. 11.

36 Vgl. Edition der Obras completas von T. Álvarez, Vorwort zur Vida.

37 Brief in Juan de Ávilas Werken und in Jerónimo Gracián, Dilucidario, a. a. O., S. 12–14. Juan de Ávilas Leben wurde zuerst beschrieben von seinem berühmten Zeitgenossen Fray Luis de Granada, den auch Teresa besonders schätzte.

38 Vgl. Ein Pfad im Wegelosen, a. a. O., S. 71–81.

39 Patent vom 27. April 1567 in: J. Gracián, Scholias y addiciones al Libro de la vida de la Me Theresa de Jesús que compuso el Pe Doctor Ribera, fol. 19v–20v, hrsg. v. Carmelo de la Cruz OCD, El Monte Carmelo 68, 1960, S. 113.

40 Vgl. V 36,26 und hierzu die Fußnote von P. T. Álvarez in der Burgos-Ausgabe.

41 Vgl. E. Lorenz, Das Vaterunser der Teresa von Ávila. Anleitung zur Kontemplation, Herder, Freiburg 1987 (⁴1990).

42 Vgl. Lockruf, a. a. O., S. 153 ff.

43 Hier fehlt ein Textstück. Zu lesen ist nur »el mundo honrábales« (die Welt ehrt sie), das allein keinen Sinn macht. Der Text wurde von späteren Korrektoren so heftig durchgestrichen, dass nicht mehr alles sicher zu rekonstruieren ist.

44 Dieser Text befindet sich in der Escorial-Edition. P. Tomás Álvarez OCD bringt ihn in seiner Valladolid-Ausgabe als Fußnote. Ich benutze sonst die Valladolid-Edition.

45 Vgl. Secundino Castro, Cristología Teresiana, Madrid 1978, S. 380 ff.

46 Vgl. Castro, a. a. O., S. 13.

47 Vgl. Gal 2,20 und (Vollendung) Eph 4,13.

48 Vgl. Castro, a. a. O., bes. Kap. I und V.

49 Mt 25,40.

50 Die Bedeutung von desposorio ist schwankend. Das Wort kann Verlobung und Heirat bedeuten. Ich würde hier Heirat vorziehen. Matrimonio dagegen ist die Ehe.

51 Castro, a. a. O., S. 58.

52 Vgl. Brief an Ana de Jesús, Ávila, Mitte Nov. 1578.

53 Vgl. Brief an Catalina de Jesús, Baeza, 6. Juli 1581.

54 J. Gracián, Obras completas, Burgos 1933, T. III, Peregrinación de Anastasio (1609 vollendet), Diálogo VIII, S. 144 und 140.

55 J. Gracián, Scholias y addiciones ..., a. a. O., S. 99–165.

56 Escritos de Santa Teresa I, Rivadeneyra 1861–62, Biblioteca de Autores Españoles 53, T. 53, S. 555.

57 Es gibt auch einen vermutlich gefälschten Bericht von einem Amethystring (vgl. T. Álvarez in Edition Burgos 1997, R 38).

58 Vgl. E. Lorenz, Nicht alle Nonnen dürfen das. Teresa von Ávila und Pater Gracián – Die Geschichte einer großen Begegnung, Herder, Freiburg 1983 und ³1988.

59 Vgl. auch Gracián, Peregrinación de Anastasio, a. a. O., Kap. XVI.

60 Vgl. Nicht alle Nonnen dürfen das, a. a. O., S. 119.

61 Peregrinación de Anastasio (1609 vollendet), Obras, Burgos 1933, T. III, Diálogo XVI.

62 Vgl. Brief an Maria de San José, Brüssel, 4. Mai 1609.

63 Vollständiger Text in Teresa von Avila, »Ich bin ein Weib – und obendrein kein gutes«. Eine große Frau, eine faszinierende Mystikerin. Ausgewählt, übersetzt und eingeleitet von E. Lorenz, Herder, Freiburg ⁴2001, S. 135–137.

64 Während Teresa nur »Castillo interior« schrieb, bevorzugten die späteren
   Herausgeber »Moradas del castillo interior«, abgekürzt M.

65 Der Auftraggeber war P. Jerónimo Gracián.

66 Meditation meint das Nachsinnen in Gedanken und Worten, das in der
   Kontemplation weitgehend aufgegeben wird zugunsten eines Schweigens,
   auch inneren Sprechens und Denkens.

67 Sie nimmt den Vergleich von Osuna.

68 Luce López Baralt, Huellas del Islam en la literature española, Madrid 1985.

69 Vgl. Joh 14,2 und 14,23.

70 Vermutlich 1232–1316. Vgl. Ramon Llull, Das Buch vom Freunde und Geliebten, übersetzt und hrsg. v. E. Lorenz, Herder Spektrum, Freiburg/Ba-
   sel/Wien 1992.

71 Teresa legt diese Worte dem »Schmetterling« in den Mund, womit sie sich
   selber meint.

72 Teresa selbst.

73 Die bildlosen Schauungen waren nach der damaligen Visionenlehre die
   wahren und einzig sicheren, s. o., Kap. Versenkung, bes. S. 38 f.

74 Vgl. Joh 14,23.

75 Der »visión intelectual«.

76 Vgl. Übersetzung E. Lorenz bei Kösel, München 1995.

77 Insbesondere las sie die »Imitatio Christi«, die Thomas a Kempis
   zugeschrieben wird.

78 Vgl. E. v. Ivanka, Apex mentis, in: ZKTh 72, 1950.

79 Johannes vom Kreuz, Lebendige Flamme der Liebe, hrsg. und neu übersetzt v. E. Lorenz, Kösel, München 1995, S. 25.

80 Ausdruck ihres heutigen Herausgebers P. Tomás de la Cruz Álvarez, Burgos.

81 Hier mit Auslassungen wiedergegeben. Vollständiger Text in »Ich bin ein
   Weib«, a. a. O., S. 77 f.

82 Vgl. 6 M 9,16–17.

83 Ihre Pflegerin Ana de San Bartolomé berichtet in ihrer Autobiographie davon. In: Obras completas de la beata Ana de San Bartolomé, hrsg. v. Juan
   Urriza, I, Rom 1981.

84 Vgl. Nicht alle Nonnen dürfen das, a. a. O., S. 119.

85 Der Herr hatte ihr in einer Audition gesagt: »Iss für mich und schlaf für
   mich« – R 56, Sevilla 1575.

86 Hier gekürzt nach der Burgos-Edition wiedergegeben. Früher in der Madri-
   der Ausgabe Cuentas de Conciencia Nr. 66.

ANMERKUNGEN MIT QUELLENNACHWEIS

87 Vgl. »Ich bin ein Weib«, a. a. O., S. 123.

88 Ebd., S. 126.

89 Vgl. Nicht alle Nonnen dürfen das, a. a. O., Kapitel »Die Leiden des Anastasio«.

90 Italienischer Vorname Nicolao. Aber im Orden Nicolás, vgl. Cartas der Burgos-Ausgabe von T. Álvarez.

91 Brief Burgos, Ende März 1582. Ich habe hier die Übersetzung von P. Alkofer, Briefe der hl. Theresia von Jesu, 2. Teil, Kösel, München ^{2}1957 fast wörtlich übernommen, weil sie mir ausgezeichnet scheint.

92 König Philipp II. hatte die Ehe der Eltern nicht gewollt.

93 Aussage zum Seligsprechungsprozess Ávila 1610, BMC, T. 18, S. 195. Vgl. O. Steggink/Efrén de la Madre de Dios, Tiempo y vida de Santa Teresa, Biblioteca de Autores Cristianos, Madrid 1977, S. 975. Eine besonders empfehlenswerte Biographie.

94 »...que no pensase nadie que su muerte había sido por otra ocasión, sino por ímpetu de amor de Dios, que la vino tan fuerte, que no le pudo sufrir su natural« (Proceso de Ávila de 1610, BMC, T. 2, S. 233). Vgl. auch Gracián in: Diálogos sobre la muerte de la Madre Teresa de Jesús, Burgos 1913, S. 99.

LEBENSLEISTUNG GOTTGELENKTEN HANDELNS

1 Diese Biographie erschien erstmals in dem (vergriffenen) Band: E. Lorenz, Teresa von Ávila. Eine Biographie mit Bildern, Herder, Freiburg/Basel/Wien 1994. Für den vorliegenden Neudruck wurde der Text von der Autorin durchgesehen und bearbeitet.

2 Fray Luis de León, Carta-Dedicatoria a las Madres Priora Ana de Jesús y Religiosas Carmelitas Descalzas del Monasterio de Madrid, in: Obras completas castellanas de Fray Luis de León, T. 1, Biblioteca de Autores Cristianos, Madrid 1957, S. 904 f.

3 Fray Luis de León, De la vida, muerte, virtudes y milagros de la Santa Madre Teresa de Jesús, a. a. O., S. 920. Erstveröffentlichung 1883 in Revista Agustiana.

4 Vgl. Rosa Rossi, Teresa de Jesús. Biografía de una escritora, Madrid 1984, S. 11–116.

5 Vgl. Teófanes Egido, El linaje judeoconverso de Santa Teresa (Pleito de hidalguía de los Cepeda), Madrid 1986. Der Prozess und damit die Abstam-

mung der Teresa wurden zuerst bekannt gemacht durch Alonso Cortés in »Boletín de la Real Academia Española« 25, 1946.

6   Vgl. E. de la Madre de Dios/O. Steggink, Tiempo y vida de Santa Teresa, Biblioteca de Autores Cristianos, Madrid 1977, S. 21 f.

7   Américo Castro, Spanien, Vision und Wirklichkeit, Köln/Berlin 1957, S. 543.

8   Ebd.

9   Guzmán de Alfarache I, 2,4 und II 1,1.

10   A. Castro, a. a. O., S. 546 f.

11   Prof. A. Senra Varela, »La enfermedad de Teresa de Jesús« in: Revista de Espiritualidad 41, 1982, S. 601–612. Professor Dr. Senra Varela hat den Lehrstuhl für Allgemeine Pathologie und klinische Propädeutik an der Universität Cádiz inne.

12   »Abecedarium« war damals eine beliebte formgebende Gattung. Osuna dichtete für jede Überschrift seiner Kapitel einen Zweizeiler, ein Distichon, dessen jeweiliger Anfangsbuchstabe dem Alphabet folgte (s. o., S. 16).

13   Vgl. Smet/Dobhan, Die Karmeliten. Eine Geschichte der Brüder U. L. Frau vom Berge Karmel. Von den Anfängen (ca. 1200) bis zum Konzil von Trient, Freiburg 1980.

14   Vgl. E. Lorenz, Wort im Schweigen. Vom Wesen christlicher Kontemplation, Herder, Freiburg 1993.

15   Vgl. A. Castro, a. a. O., S. 567.

16   Vgl. D. Deneuville, Santa Teresa de Jesús y la mujer, Barcelona 1966, und vor allem J. M. Fernández, »Un análisis sociológico de las relaciones personales« in Cinco Ensayos (Fernández, González. Roman, Sampietro), Madrid 1984, S. 95–149.

17   Vgl. R. Rossi, a. a. O., S. 17 f.

18   Wortlaut der Rede in: E. Lorenz, Ein Pfad im Wegelosen, Herder, Freiburg 1986, S. 89–93.

19   Vgl. R. Rossi, a. a. O., S. 83.

20   Teresa berichtet: »Er war so gut, dass ich sehr viel mehr von ihm lernen konnte als er von mir. Dennoch tat ich es nicht, sondern sagte ihm, wie er bei den Schwestern vorgehen müsse« (F 13,5).

21   Vgl. W. Herbstrith, Teresa von Ávila. Lebensweg und Botschaft, Verlag Neue Stadt, München 1993 (³1999), S. 187.

22   Vgl. E. Lorenz, Licht der Nacht. Johannes vom Kreuz erzählt sein Leben, Herder, Freiburg ²1992. Ein Lebensroman in fiktiver Ichform.

23 Vgl. E. Lorenz, Nicht alle Nonnen dürfen das. Teresa von Ávila und P. Gracián – Die Geschichte einer großen Begegnung, Herder, Freiburg ³1988.

24 Diego de Yepes OSH, Vida de la Madre Teresa, Ed. 1886, S. 17–18. 1. Ed. Madrid 1587 und Zaragoza 1606: Vida, virtudes y milagros de la Bienaventurada Virgen Teresa de Jesús ...

25 Wörtlich: destreza para despachar negocios.

26 Vida de la Madre Teresa, a. a. O., T. 2, S. 193–194.

27 Vgl. die konsequente Biographie von Rosa Rossi, die das ganze Leben der Heiligen nach Werken gliedert (s. o., Endnote 4).

28 Diego de Yepes OSH, a. a. O., S. 9 u. 195.

29 I. Bengoechea, Las Gentes de Teresa, Madrid 1982, S. 152.

30 In: Ecclesia 28, Madrid 1968, S. 19.

31 Edith Stein, Ein neues Lebensbild in Zeugnissen und Selbstzeugnissen, hrsg. v. W. Herbstrith OCD, Herder, Freiburg 1983, S. 33.

32 In der heute bekannten zweiten Fassung 1563 geschrieben, jedoch mit langen Vor- und Nacharbeiten (s. o., Lebensphasen mystischer Erfahrung, bes. S. 11 und 36 ff.).

33 A. Castro, a. a. O., S. 553.

34 O. Steggink/E. de la Madre de Dios, Obras completas, a. a. O. (s. o., Werkregister, S. 141), S. 191.

35 Azorín (Pseudonym für J. Martínez Ruiz), Obras completas, T. 8, Los clásicos redivivos, 1945, S. 47–49.

36 Vgl. A. Rüegg, Philipp II., Antonio Pérez und die Fürstin Éboli, Basel 1965.

37 Wörtlich: ihr Leben beendet. Vgl. auch CV 26, 4.

38 Das Gedicht des Cervantes enthält u. a. die Strophen:

»Zwar in Ávila geboren,
kamst in Alba du ins Leben,
das im Sterben wird gegeben
jenen, die sich Gott erkoren.

Stiegst du, Mutter, in dem reinen
Albaglanz ins ewig Schöne,
wirst du uns auch nicht verneinen
Liebe, die uns Gott versöhne.

Deine Demut, viel besungen,
hat den Himmel dir errungen,
und da Demut alles kann,
ziehst uns Armen du hinan!«
(Übers. E. Lorenz)

39 Vgl. H. Hatzfeld, Estudios literarios sobre mística española, Madrid 1955, S. 297–305.

40 Fernández, Cinco Ensayos, a. a. O., S. 145.

41 In: Bengoechea, a. a. O., S. 134.

42 In: Estafeta Literaria 15, 10, 1970, S. 6–7. (Darum lassen sich Teresas Werke nur nach dem Geist adäquat übersetzen, nicht nach dem Buchstaben.)

43 Vgl. Fernández, Cinco Ensayos, a. a. O., S. 119.

44 Noch mein Buch:»Nicht alle Nonnen dürfen das. Teresa von Ávila und Pater Gracián – Die Geschichte einer großen Begegnung, Freiburg 1983, 1985 und 1988« wurde vielfach, zumindest in Ordenskreisen, als Schock empfunden.

45 Vgl. E. Lorenz, Ein Karmelit als Türkensklave, in: Geist und Leben, Dez. 1982.

46 P. Jerónimo Gracián de la Madre de Dios, Diálogos sobre la muerte de la Madre Teresa de Jesús, Burgos 1913, S. 164 f.

TERESA VON ÁVILA –
LEBEN UND WERK IM ÜBERBLICK

1515	Geburt am 28. März in der kastilischen Stadt Ávila.
1519	Der Vater jüdischer Abkunft, Alonso Sánchez de Cepeda, führt einen Rechtsstreit um den erkauften Adel.
1523	Versuch, mit dem Bruder Rodrigo ins Maurenland zu fliehen.
1528	Tod der Mutter.
1528–30	Teresa schreibt einen Ritterroman, der verloren geht. – Ungute Freundschaften.
1531	Teresa kommt ins Internat der Augustinerinnen zu Ávila.
1532	Sie verlässt das Internat wegen Erkrankung.
1533	Rekonvaleszenzzeit beim Onkel Don Pedro in Hortigosa. Viel geistliche Lektüre.
1534	Die Brüder beginnen sich nach Amerika (Perú/ Ecuador) abzusetzen.
1535	Teresa flieht am 2. November aus dem Elternhaus und tritt in das karmelitische Menschwerdungskloster ein (Convento de Santa María de la Encarnación).
1536	Einkleidung am 2. November.
1537	Ablegung der Gelübde am 3. November.
1538	Im Herbst schwere Erkrankung, vermutlich Brucellosis. Wieder beim Onkel in Hortigosa. Hier Begegnung mit der Gebetslehre des Francisco de Osuna (»Tercer Abecedario«), das sie zu ihrem »Meister« erklärt.

1539–42	Die Krankheit dauert an und verschlimmert sich bis zum Scheintod. Der Vater verhindert, dass man Teresa begräbt.
1543	Sie pflegt den kranken Vater, der stirbt.
1544–53	Teresa sucht sich jesuitische Beichtväter. Vorübergehender Abstand von Osunas wortfreier Kontemplation durch Barrón. Innerer Kampf um die wahre Spiritualität.
1554	Die »Bekehrung« zur geistlichen Entschiedenheit vor der kleinen Büste des Schmerzensmannes. Lektüre der »Bekenntnisse« des Augustinus. Beginn der »mystischen Gnadenerweise«.
1557–61	Die großen Visionen, Ekstasen usw. Teresa begibt sich auf Anordnung des Provinzials nach Toledo in das Haus der verwitweten Luisa de la Cerda. Sie beginnt ihre »Relaciones«, die Berichte innerer Erfahrung.
1562	Schreibt in Toledo die erste Fassung der »Vida« (Autobiographie), die später verloren geht. Bemüht sich um Ausführung des Plans der Gründung eines Reformklosters in Ávila. Führt darüber mehrfach Gespräche mit dem ihr schon bekannten hl. Pedro de Alcántara. Wird nach ihrer Rückkehr am 10. August zur Priorin im Menschwerdungskloster gewählt. 24. August: Einweihung des reformierten Karmelklosters San José in Ávila. Aufruhr dagegen in der Stadt. Domingo Báñez hält eine flammende Verteidigungsrede. Nach vollzogener Gründung muss die Gründerin ins Menschwerdungskloster zurück. San José ist dem Bischof von Ávila direkt unterstellt.
1562/63	Teresas Einzug ins San-José-Kloster. Am 22. August 1563 kommt die offizielle Erlaubnis. »Vida«: zweite, heute bekannte Fassung.

1565	»Vida« von 1563 wird gegen Jahresende endgültig fertig.
1566–67	Teresa schreibt den »Camino de perfección«, Weg der Vollkommenheit.
1567	Ordensgeneral Rossi (Rubeo) kommt nach Ávila. Im April autorisiert er Teresa zur Gründung weiterer Nonnenklöster (vgl. Karte S. 157), am 16. August kommt ein Patent zur Gründung zweier Mönchsklöster (Duruelo und Pastrana).
1568	Teresa gewinnt in Medina del Campo Johannes vom Kreuz (Juan de Yepes y Alvarez) – damals Karmelit Juan de Santo Matía – für ihre Reform und die Gründung von Mönchsklöstern.
1568–82	Die Zeit der großen Gründungsreisen (vgl. Karte S. 157).
1569	Streit mit der Prinzessin Éboli in Pastrana.
1571	Neues Gründungspatent vom General. In San José widerruft Teresa die bisherige gemilderte Ordensregel und legt die Gelübde für die strengere Observanz der »Unbeschuhten« ab.
1572	Im Frühjahr holt Teresa Johannes vom Kreuz als Spiritual in das Menschwerdungskloster. Am 18. November weiß sie sich aufgrund einer Vision in die Unio mystica aufgenommen, nachdem sie die Kommunion von Johannes vom Kreuz empfangen hat.
1573	Teresa beginnt die Arbeit an ihren »Fundaciones«, dem Buch der Klostergründungen.
1574	Sie kehrt wieder in ihr Reformkloster San José zurück.
1575	Sie lernt im Februar Jerónimo Gracián – seit seinem Klostereintritt 1572: Jerónimo de la Madre de Dios – anlässlich der Gründung in Beas de Segura kennen; ist menschlich tief beeindruckt.

Wegen ihrer Autobiographie wird sie bei der Inquisition in Sevilla angezeigt. Der inzwischen berühmte Theologe Domingo Báñez rettet das Werk durch sein Gutachten.

Wegen Zwistigkeiten im Orden und Missverständnissen bekommt Teresa vom General Befehl, sich in ein Kloster ihrer Wahl einzuschließen. Sie schreibt noch in Sevilla die berühmte Relación 4:»Esta monja ...«.

1576 Teresa begibt sich aufgrund des Befehls in ihr Kloster in Toledo.

1577 Am 2. Juni beginnt sie ihr größtes Werk zu schreiben, das »Castillo interior« – die »Innere Burg«. P. Jerónimo Gracián hatte den Anstoß dazu gegeben. Im Juli reist sie wieder nach Ávila, um ihr Kloster San José, das bisher dem Bischof unterstand, nun dem Orden zu unterstellen. Sie vollendet die »Innere Burg« am 29. November.

Johannes vom Kreuz wird von den reformunwilligen »Beschuhten« in der Nacht vom 3. zum 4. Dezember aus Ávila entführt, heimlich nach Toledo gebracht und ins Klostergefängnis gesperrt.

Am 24. Dezember fällt Teresa auf der Treppe und bricht sich den linken Arm.

1578 Im August entkommt Johannes vom Kreuz in dramatischer Flucht seinem Gefängnis. Der reformfeindliche neue päpstliche Nuntius F. Sega unterstellt die »Unbeschuhten« wieder den »Beschuhten«. P. Gracián wird in das Kolleg der Unbeschuhten in Alcalá de Henares eingeschlossen. Die Reform scheint gescheitert.

1579 Teresa sendet ihren »Weg der Vollkommenheit« zum Druck nach Evora (Portugal). Aber der Druck verwirklicht sich erst nach ihrem Tode.

1580	Das Blatt wendet sich. Ein päpstliches Breve vom 22. Juni bewilligt die Errichtung einer eigenen Ordensprovinz für die »Unbeschuhten«.
1581	Auf dem Kapitel der »Unbeschuhten« in Alcalá am 3. März wird Gracián zum Provinzial gewählt. Teresa sieht glücklich ihren Lebenserfolg.
1582	Sie bricht am 2. Januar zu ihrer letzten Gründung nach Burgos auf, kommt dort am 26. Januar an, gründet nach vielen Schwierigkeiten am 19. April. Am 23. Mai tritt der Fluss Arlanzón über seine Ufer und überschwemmt das Haus. Am 26./27. Juli reist Teresa von Burgos ab. Ihr Weg führt über Palencia, Valladolid, Medina nach Alba de Tormes, wo die erschöpfte und schwer krebskranke Heilige in der Nacht vom 4. zum 5. Oktober stirbt.
1588	Erstausgabe der Werke durch Fray Luis de León.
1614	Seligsprechung.
1617	Ernennung zur Schutzpatronin Spaniens.
1622	Heiligsprechung.
1965	Schutzpatronin der spanischen Schriftsteller.
1970	Ernennung zur Kirchenlehrerin.

TERESA VON ÁVILA – LEBEN UND WERK IM ÜBERBLICK

DIE KLOSTERGRÜNDUNGEN
DER TERESA VON ÁVILA

Schwestern:

1562 Ávila
1567 Medina del Campo
1568 Malagón
1569 Toledo
1569 Pastrana
1570 Salamanca
1571 Alba de Tormes
1574 Segovia
1575 Beas de Segura
1575 Sevilla
1576 Caravaca (Ana de San Alberto delegiert)
1580 Villanueva de la Jara
1580 Palencia
1581 Soria
1582 Granada (Ana de Jesús delegiert)
1582 Burgos

Patres:

1568 Duruelo
1569 Pastrana

GOLF VON BISCAYA

Königreich
Frankreich

O Oviedo
Santander
Bilbao O
San Sebastián

León O
O Vitoria

Astorga O
Logroño O

Burgos
(1582)

Huesca O

Palencia
(1580)

Valladolid
(1568)
Duero
Soria (1581)
Zaragoza O

Kgr.
rtugal
Zamora
Osma O O
Burgo de Osma
Ebro

Medina del Campo (1567)

Salamanca
(1570)
Peñaranda
Sigüenza O

Alba
(1571)
Segovia O (1574)
Guadalajara O

ÁVILA O (1562)

ıdad Rodrigo
Alcalá de Henares O

Escalona O
Madrid
Pastrana (1569)

ria O
O Plasencia
Torrijos O

Cáceres
Tajo
Teruel O

Toledo (1568)
Cuenca O

O Trujillo
Júcar
Valencia O

Malagon
(1568)
Daimiel
Villanueva de la Jara
(1580)

Guadiana
Manzanares
Ntra. Sra. del Socorro

O Don Benito
Ciudad Real
Albacete O

Almodovar del Campo

Santiesteban
Alicante O

Espeluy
Beas (1575)

Córdoba
Baeza
Caravaca
(1576)

Venta de Albino
Ecija
Jaén O
Cartagena O

Sevilla
(1575)

Granada (1582)

Cádiz O
Málaga
Almería

MITTELLÄNDISCHES MEER

Die Klostergründungen
der Teresa von Ávila

0 km   100   200

WEITERE BÜCHER VON ERIKA LORENZ
ZU MYSTIK UND MYSTIKERN IN SPANIEN

Francisco de Osuna, Versenkung (gekürzt: Das dritte geistliche Abecedarium von 1527), Herder, Freiburg 1982 (3. erw. Aufl.: »ABC des kontemplativen Betens« 1994), 160 Seiten – Neu in: Juwelen des Lebens, hg. v. G. Sartory, Herder, Freiburg 2002.

Teresa von Ávila, Licht und Schatten, Novalis, Schaffhausen 1982, 207 Seiten.

Teresa von Ávila, »Ich bin ein Weib – und obendrein kein gutes«. Eine große Frau, eine faszinierende Mystikerin, Herder, Freiburg 1982 (Neuausgabe ⁴2001), 143 Seiten.

Nicht alle Nonnen dürfen das. Teresa von Ávila und Pater Gracián – Die Geschichte einer großen Begegnung, Herder, Freiburg 1983 (³1988; 1997 ins Polnische übersetzt), 160 Seiten.

Ramon Llull, Die Kunst, sich in Gott zu verlieben, Herder, Freiburg 1985, 125 Seiten.

Der nahe Gott im Wort der spanischen Mystik, Herder, Freiburg 1985, 216 Seiten.

Ein Pfad im Wegelosen. Teresa von Ávila – Erfahrungsberichte und innere Biographie, Herder, Freiburg 1986 (²1990), 158 Seiten.

Das Vaterunser der Teresa von Ávila. Anleitung zur Kontemplation, Herder, Freiburg 1987 (⁴1990), 94 Seiten.

Ins Dunkel geschrieben. Johannes vom Kreuz – Briefe geistlicher Führung, Herder, Freiburg 1987, 156 Seiten.

Ramon Llull, Das Buch vom Freunde und vom Geliebten, Artemis, Zürich 1988 (Herder, Freiburg ²1992), 156 Seiten.

Vom Karma zum Karmel. Erfahrungen auf dem inneren Weg, Herder, Freiburg 1989, 155 Seiten.

Licht der Nacht. Johannes vom Kreuz erzählt sein Leben, Herder, Freiburg 1990 (²1992; auch ins Italienische übersetzt), 262 Seiten.

Auf der Jakobsleiter. Der mystische Weg des Johannes vom Kreuz, Herder, Freiburg 1991, 141 Seiten.

Wort im Schweigen. Vom Wesen christlicher Kontemplation, Herder, Freiburg 1993, 221 Seiten.

Wozu Kontemplation? Die Antwort des Johannes vom Kreuz, Katholische Akademie (Vortrag), Hamburg 1993, Akademiebibliothek Bd. 10, 24 Seiten.

Teresa von Ávila. Eine Biographie mit Bildern und Texten. Herder, Freiburg 1994 (auch als Lizenzausg. der Wissenschaftlichen Buchgesellschaft Darmstadt), 112 Seiten.

Praxis der Kontemplation – Die Weisung der klassischen Mystik, Kösel, München 1994 (als Taschenbuch: Fischer, Frankfurt 1997), 118 Seiten.

Johannes vom Kreuz, Lebendige Flamme der Liebe, hrsg. und neu übers. von E. Lorenz, Kösel, München 1995, 168 Seiten.

Johannes vom Kreuz, Weisheit und Weisung. Die Aphorismen und andere Kurzprosa (mit Erläuterungen aus heutiger Sicht), Kösel, München 1997, 200 Seiten.

Teresa von Ávila, Lockruf des Hirten. Teresa von Ávila erzählt ihr Leben (mit einem Nachwort von Fray Luis de León), Kösel, München 1999, 236 Seiten.

Alle spanischen Texte wurden übersetzt von Erika Lorenz.

© Verlag Herder Freiburg im Breisgau 2003
www.herder.de
Alle Rechte vorbehalten.

Lektorat: Dr. Judith Sixel
Umschlagmotiv: Teresa von Ávila.
Porträt von Juan de la Miseria (im Karmel zu Sevilla).

Druck und Bindung: fgb · freiburger graphische betriebe
www.fgb.de

Gedruckt auf umweltfreundlichem, chlorfrei gebleichtem Papier.
Printed in Germany

ISBN 3-451-28021-3